改訂版

さあ、育休後からはじめよう

働くママへの応援歌

育休後コンサルタント 山口理栄
特定社会保険労務士 新田香織

書籍化にあたって

育児休業を取得したのち職場復帰し、育児と仕事の両立を目指す人が増えてきました。自分自身の経験から、育児をしながら働き続けることはそれほど難しいことではないと感じていました。しかし、育児をしながら「自分の能力を100％生かし、やりがいを持って働き続けること、キャリアアップすること」ができている人は限られていました。出産前は自分なりの目標を持ち、能力を生かしながら働いてきた人が、育休後に働く時間に制約ができたり、子どもの病気で休んだりするようになると、その人らしく働けなくなった例をたくさん見てきたのです。

なぜそうなってしまうのでしょう。よく、「制度は充実しているが現場の運用がうまくいっていないからだ」という理由を耳にします。ここで言う、運用がうまくいっていない、とは具体的にどのようなことを指すのでしょうか。

育休後に働き続けているたくさんの人たちと、ソーシャルメディア上でやりとりしたり、実際に会ったりしてわかったことは、会社の制度（とそのもとになった法律）の趣旨が社員に正しく伝わっていないことと、育児中の社員の考え方、気持ちが会社側に伝わっていないことです。さらに、保育園の整備や男女の役割分担について柔軟な考え方がなかなか実態に合ったかたちで浸透していないことも一つにあります。

会社や社会の問題を根本から変えていくことはもちろん必要ですが、それには時間がかかります。それを待っていては子どもの産み時を逃したり、深く考えずに仕事をやめてあとで後悔したりすることになりかねません。

それでは、今まさに子育て中、あるいは子どもを持ちたい個人は、それぞれの局面でどのように考えて行動していけばよいのでしょうか。

そんな人たちへのメッセージとしてこの本を書きました。今自分が置かれている状況の中で、その人がそのときそのときで悔いのない判断を積み重ねていけばきっと後悔のない人生を送ることができる、私はそう信じているので、皆さんがまだ経験していない5年後、10年後を知っている者として、少しでもよい判断ができるように情報提供しよう、と考えました。過去を振り返り、あのときこういう判断をし、行動したら、その結果こうなったなあ、こんな落ち込みがあったとき、こう考えて立ち直ったっけ、と思い出しながら書きました。

今現在子育て中の人、これから子育てしたいと考えている人、就職を考えている人。また、仕事として女性の活躍推進をする立場の人事、ダイバーシティ推進部署、経営者のお役に立てるような内容にしました。

特にこれから働く若い女性、今まさに仕事が面白くて仕方がない女性に、育児と仕事はどちらかを選んだら、もう片方をあきらめなければならないというものではないですよ、安心してくださいとお伝えできれば幸いです。

山口　理栄

＊　　＊

社会保険労務士として多くの企業と関わる中で感じることは、育児休業から復帰した女性社員が、いきいきと働き続けている職場と、そうでない職場とがあるということです。前者の職場で共通しているのは、当事者を含め、職場の多くの人が、仕事と育児の両立を支える制度を理解していて、育児を自然に受け入れている点が挙げられます。

また、会社や上司は、「育児」という個人的な事情を汲みながらも、仕事にやりがいが感じられるような責任の与え方をし、こなした仕事をきちんと評価をしていることも特徴です。同時に、時間制約があって対応できない部分を、同じ部署で補っている社員に対して配慮や評価をしているということが非常に重要であると思います。

この本で私は、出産や育児を経験しても働き続けることを支援する法律や社会保障制度について紹介しています。法律によって守られていること、社会保障制度によって得られる受益など、普段は意識しないことが多いかもしれませんが、育児をしながら働き続ける上では、知っておいてほしい情報です。

年金制度や育児・介護休業法、各種給付などは、複雑であるため、文中ではわかりやすいように、できる限りシンプルな表現にしました。そのため、利用する場合には、表記している問い合わせ先や会社の担当者に確認なさることをお勧めします。

仕事と育児を両立するには、制度の利用以上に、そこで働く同僚、上司、経営陣との良好な関係を保つことが第一であると思います。

働きやすい職場を作るのは利用者自身でもあることをお伝えしたく、会社とトラブルにならないためのアドバイスも盛り込みましたので、参考にしていただけましたら幸いです。

新田　香織

目次

3章　妊娠中、産休、育休の過ごし方 —— 37

4章　育休後の職場復帰（子育て編）——71

「育休後コンサルタント」は登録商標第五八一四三〇四号です。
「育休後カフェ」は登録商標第五八一四三〇五号です。

1章

育休後社員の悩み

「育休世代のジレンマ」とこの3年間の取組み

2014年9月に発行された中野円佳著『「育休世代」のジレンマ』(光文社)は仕事と育児の両立に悩む当事者にとっても、専門家たちにとっても大きな影響を与えるものでした。それは、この本が「意欲に燃えて就職した女性が入社してから出産で辞めるのはなぜか。また、会社を辞めなかった場合に『ぶら下がり』と言われるようになってしまうのはなぜか」という問題に正面から答えようとしたものだったからです。

そこには、男性並みにがんばって活躍したいと思っていた女性が、出産し、両立支援制度を使って両立しようとした結果、会社から期待されず仕事での制限がなくならないことに愛想を尽かして辞める社員や、一方で、出産後は働きやすさを重視し、働く意欲を調整しながら継続就業する社員が描かれていました。

こうした背景には職場の上司は時間に制約のある社員のマネジメントになれていないため、配慮しすぎて本来与えるべき仕事も与えずに腫れ物扱いしてしまう。周囲の社員は育児休業、短時間勤務といった社員が増えるたびに自分にしわ寄せが来て不満を募らせる。会社は男性社員には両立支援制度の利用を積極的には勧めない、といった職場の状況があります。

そのことが間接的に「女性が育児、家事をこれまで通り引き受けた上で仕事でも活躍してほしい。そうでなければ戦力外とみなす」というメッセージになって女性には聞こえてしまっているのです。

しかし、2012年頃からこの問題に正面から取り組む企業が増えてきました。先進的な企業では、「ダイバーシティ・マネジメント推進室」といったような独立した組織を作り、多くの場合、推進役には自ら仕事と育児を両立している女性管理職を割り当てています。自分の仕事を通じて肌で感じた、仕事と育児の両立に対する企業の対応トレンドをここで紹介したいと思います。

女性活躍推進や両立支援を積極的に推進している企業では、まず会社としてダイバーシティ・マネジメントを推進する目的や、それが達成された暁にはどのような企業に生まれ変わっているか、といったようなわかりやすいビジョンを掲げています。それを元に、制度の見直しをしたり、トップがメッセージを出したり、社員への啓発活動をしたり、社外に向けて数値目標を発表したりしています。

啓発活動では最初にターゲットとなるのが、育休中の社員です。この社員たちがきちんとした心構えを持って職場に復帰してくれることを目指して、育休後職場復帰セミナーのような研修のニーズが高まりました。

育休中または職場復帰直後の社員に向けたセミナーを多く実施する中で、各社で共通して寄せられるコメントがありました。それは「同じ内容を上司にも聞かせたい」というもの。本人向けの研修をするたびにそれを目にしていたので、なんとかしなければ、という思いが強くなり育児中の部下を持つ管理職向けセミナーを行うようになりました。

提供開始は2013年頃からですが、当初はなかなか普及しないだろうと思っていました。ところが、2014年から依頼が急増し、育休中の社員向けセミナーとセットで依頼されるようになったり、場合によっては上司と部下が同席するところで話してほしいと頼まれたりするようになります。思った以上に立ち上がりが早かった理由は、企業の人事・ダイバーシティ担当者もまた、管理職にこそ女性活躍が難航する一因があることに早くから気づいていたからかもしれません。

時を同じくして、NPO法人ファザーリング・ジャパンも管理職に注目していました。多様な部下を育成し、マネジメントできる管理職として「イクボス」に注目し、「イクボス企業同盟」という企業間ネットワークの構築に乗り出していたのです。私はこちらの活動にも参画し、管理職が部下とのやりとりを実践形式で練習できる「ロールプレイング」のコンテンツを作りました。ロールプレイングはさまざまな人の手にわたり、各地で実施され続けています。

「イクボス」育成のブームの要因の一つは、女性活躍や育児との両立に偏ることなく実施できる点です。女性活躍や育児との両立は、一部の人たちに限定された話題になりますが、「イクボス」の育成は多様な部下（時間制約の有無、性別、年齢、障害の有無、国籍、健康状態など）をマネジメントするための考え方やノウハウを提供することが目的ですので、現代社会では、すべての管理職を対象にすることができるのです。このブームはしばらく続きそうです。

育休前後の社員に話を戻すと、２０１５年にはパートナー同伴型の職場復帰セミナーが急増するという大きな変化が来ました。「育休中の女性の研修を行った、上司である管理職向け研修も行った、本人の意識改革も進んでいるように見える、しかし、短時間勤務を徐々に減らして通常勤務に戻したい、という社員の数が担当者の思うようには伸びていかない、その理由は何か？」。実際に、セミナーで参加者がグループディスカッションで話している内容を聞いてみると、パートナーと家事育児の分担ができないというのです。「夫が、早く帰ってくることができないと言うので、育児や家事を自分が引き受けざるを得ない。中途半端に期待しても、ケンカになったり、がっかりしたりするだけなのでもうあてにしないことにしています」、と言うのです。

そこで、社外の方でも構わないので、パートナーを育休者向け研修の場に連れてきてください、という会社が増えてきました。託児をつけて親子で参加可能にしている会社もありますし、託児なし、同室保育で多少にぎやかな中で研修を行う場合もあります。講師である私は、育休者に「帰ってからパートナーに伝えてください」というとき、実際にはうまく伝わらないだろうな、と思っていることが多いのですが、目の前に来てくれれば、直接語りかけることができます。「あなた（おもに男性を想定）は、パートナーが短時間勤務をとることを選んだその決断の重さ、抱える不安の大きさ、キャリアに影響が出るかもしれないという恐れをきちんと理解していますか？」と。

セミナーの結果、保育園からの呼び出し対応、病児の看病、保育園の迎え対応などを、妻が思う以上に「できるよ」宣言してくれる夫が多いのは驚くほどです。夫婦同伴のセミナーをすべての夫婦に対して行うべきかどうかは正直よくわからないのですが、夫婦がケンカをせずに互いのキャリアプランや育児家事分担を家庭で自由に話し合えるような時代が来るまで、このセミナーは必要とされているのかもしれません。

「育休後カフェ」ができるまで

育休後コンサルタントと名乗り、ツイッターやブログなどで情報発信をはじめたのは独立する前年の２００９年からでした。ある時ツイッター上で、＃ｗｍ＿ｊｐ（ワーキングマザーｊｐ）というタグを見つけました。ワーキングマザーが日々感じるちょっとしたことをつぶやくときに、それを使っているということに気づいたのです。そこで、ツイッターではもっぱらそのタグのついたつぶやきをウォッチし、自分の経験からアドバイスしたり、応援の一声をかけたりするようになりました。

そこでのつぶやきを毎日追いかけているうちに、「自分の職場では他に子育てしながら働いている女性がいない」とか、「上の世代のロールモデルがいない」というつぶやきが目につきました。そういった孤独な状況の中で周囲の視線を過剰に意識せざるを得ない人、職場の上司や経営者からいじめに近いような異動の辞令を受ける人、短時間勤務制度の利用を申請したらパートタイムで働かないか、といったような扱いを受ける人がいることがわかってきたのです。そういったそれぞれの職場で孤立しているワーキングマザーが、１カ所に集まって互いに話しをすることができたら状況はだいぶ変わるのではないか。また、企業でダイバーシティ・マネジメントの推進の経験があり、育休後のキャリアが長い自分が、なにかアドバイスをしてあげられたら、という気持ちが次第に大きくなっていきました。

地元の男女共同参画センターの施設を借りて、「育休後トーク」という試みをはじめたのが２０１０年４月のことです。ツイッターでの呼びかけと口コミで育休取得経験のある男性

1人を含む7人が集まり、仕事と育児の両立に関するさまざまな話に花が咲きました。

参加者の感想の中で、「ママ友はいるけれどキャリアの話はしないので、今日は話せて新鮮だった」という意見がありました。ワーキングマザーは同じ状況の人と話す機会がほとんどないことを想定し、話すだけで気持ちの整理ができてとてもすっきりすることを実感してもらいたかったので、思った通りの効果を確認することができました。

その後「育休後トーク」は数回実施しましたが人が集まらず、ドタキャンで誰も来なかったこともありました。アンケートには、もっとたくさんのママと交流したかったと書かれることが多く、せっかく参加してくれた人にそういう機会を提供することができず申し訳ないという気持ちでした。そこで、試しに開催場所を都内の交通の便のいいところに移し、名前も「育休後カフェ」と変えて2011年5月に再スタートしたところ、広い地域から参加者が集まり初回から10人を超える人たちで開催となりました。

「育休後カフェ」に集まる人たち

育休後カフェに集まるのは、育児と仕事を両立させるために頑張っている、会社員や公務員などの組織で働く人たちです。ほとんどが女性ですが、男性も時々混じります。

参加動機として、両立の悩みや不安を話す場がなかった、という声がよく聞かれます。職場では少数派なので話し相手がいない、保育園では時間がなくてゆっくり話せないなどの理由で、出産以来初めて自分の気持ちを人に話した、という人もいるほどです。

もやもやっとした悩みは口に出すだけですっきりすることがあることを経験していたので、こういう場を作ってみましたが、育休後カフェに来る人はいったいどんな悩みを持っているのでしょうか。

・仕事と育児のバランスがわからない

申し込み時に気になる点を書いてもらうと、仕事と育児のバランスの取り方がわからないという記述がよく見られます。出産前は仕事中心で残業もいとわずやっていた人が、育児休業中は24時間子どもにかかりきりになります。しかし、職場復帰したら両方をやらなければなりません。仕事をきっちりやって帰ろうとすると保育園のお迎えには間に合いませんし、一方ではもっと子どもと一緒にいたい、いるべきではという気持ちもあります。こういった状況が「バランスの取り方がわからない」という言葉に表れるのでしょう。

・周囲に負い目を感じてしまう

時間外労働が多い職場や、過去に育児休業を取得し短時間勤務で復職した人がいない職場で働いている人から多く聞かれます。周りの人に育児と両立する働き方が理解されなかったり、一人前に扱われず責任のある仕事が任されなかったりするため、常に申し訳ないという気持ちに支配されてしまうのです。

・短時間勤務から通常勤務に戻せない

短時間勤務制度は、最大子どもが3歳になるまで（会社によっては小学校入学まで、小学校4年生になるまで、小学校卒業までなどさまざま）使えますが、通常勤務に戻すタイミングは本人に任されています。そのため、いつ戻すかを迷う人が出てきます。迷う理由は、子どもといる時間が減ることへの不安や、時間外労働をしない働き方を貫くのが難しいことだと言います。特に後者は深刻で、通常勤務ができる状況であるにもかかわらず、短時間勤務利用者のままで定時まで働いている人がたくさんいます。この状態からは余計に通常勤務へ戻しづらくなってしまいます。

・将来のキャリアに対する不安

短時間勤務、または周囲の長時間労働者に比べて短い勤務時間でキャリアアップができるのか、そうでない場合モチベーションを保っていけるのか。こういった不安はもともとキャリア志向が強い人ほど、または子どもの成長で育児の負荷が少なくなるほど大きくなっていきます。職場に「ロールモデル」となるような、育児をしながら働く先輩女性がいない場合、この会社にいても自分はこれ以上成長できないのではないか、お荷物なのではないかという不安がぬぐいきれないのです。

・パートナーとの関係

パートナーに家事、育児をもう少し担当してほしいという声は常に多く聞かれます。育児や家事に積極的に参加する父親が一般的になったため、「それに比べてうちの夫はあまりやってくれない」、という不満があるのです。また、「夫はよくやってくれているが、夫の職場では育児と両立する働き方が理解されていないようで、家事・育児を頼もうにもあまり強く言えない」という悩みも聞かれます。

「育休後カフェ」の内容

「育休後カフェ」は小さい子どもを持ちながら働いている親が出席しやすい曜日と時間を

考え、土曜か日曜日のたいてい午前10時から12時といった時間帯に開催しています。終了後は希望者と一緒にランチに行くことがほとんどで、そこでのざっくばらんなやりとりでヒントをつかんだという参加者も多いようです。

基本的にはこのような流れで進めていきます。

―参加者全員の自己紹介
―グループディスカッション（テーマ１）
―グループディスカッション（テーマ２）
―参加者全員の感想
―ファシリテーターからのエール

一つのグループの人数は原則４名。テーマは参加者が申込時に書いた「気になっていること」に関連したものを２つ用意し、一つ目が終わったら席替えをします。

テーマの例は次の通りです。

―出産前の自分と今の自分について

―時間制限の中で働く限界と工夫
―5年後の自分はどうなっているか
―パートナーに感謝している点と改善してほしい点
―子育てと仕事のバランスで悩んでいること
―今の仕事を選んだ理由とこれからどうしたいか
―仕事上の課題
―子育てで楽しいこと／困っていること
―家事の工夫と便利なサービス

テーマはその時々の参加者の子どもの年齢、第一子の育休中の人の割合などによっても微調整し、毎回考えて用意します。テーマの決め方で気をつけているのは、自分の課題を本音で話せるテーマであること、愚痴の言い合いにならないようにすることです。例えば、パートナーのことを話題にするときは、必ず感謝していることと改善してほしいことの両方を話してもらうようにしています。

また、席替えをすることの意味は、なるべく多くの参加者と交流してほしいからです。※ワールドカフェの手法にヒントを得ていますが、ワールドカフェのやり方に忠実に従っているわけではありません。席替えのグループを事前申込の情報をもとにあらかじめ決めておくこともありますし、当日ランダムに動いてもらうこともあります。

※ワールドカフェ：本物のカフェのようにリラックスした雰囲気の中でテーマに集中した対話を行う話し合いの手法です。話しやすい雰囲気が生まれる、参加意識が高まり満足感が得られる、といった効果があります。〈参考図書：『ワールド・カフェ』アニータ ブラウン／デイビッド アイザックス／ワールドカフェ・コミュニティ著（ヒューマンバリュー）〉

「育休後カフェ」によって問題は解決したのか

カフェへの参加者が申し込み時書いた「気になっていること」は、カフェに参加したことで解決したのでしょうか。答えはおそらく、「いいえ」です。

「育休後カフェ」では一人ひとりの気になっていることへの直接的な答えが出るわけではありません。ある人の課題についてグループで話す時間はせいぜい1～2分です。本当にその問題に対してアドバイスをしようとしたら、一人2時間ぐらいすぐかかってしまいますから、結論は出なかったはずです。

しかし、参加者の満足度は非常に高く、アンケートの結果は毎回ほぼ全員が「満足」です。

なぜでしょうか。

それは、たぶんこういうことでしょう。つまり、「気になっていること」の解決方法について、大体の方向性はおそらく本人の中にすでに存在しているのです。自分の経験でも、悩んでいるときは選択肢が浮かんでは消え、また同じものが浮かんでは消えるという状態でした。どの方向にせよ、一歩進まない限り、その状態はエンドレスで続きます。わかっていても、自分の出した結論が正しいかどうか不安かつ、できる自信がないため、なかなか踏み出せないでいるのです。


育休後カフェに参加してみたら、自分が悩んでいるポイントをすでに通過した人、自分がクリアした問題にこれから直面する人がいた。自分よりずっと大変な状況でも明るく頑張っている人がいたし、とてもうらやましい仕事／子育て環境の人もいた。子ども一人でも大変だと思っていたら、三人の子のママは二人目は全然楽で、三人目はいつのまにか育ってる、と笑っていた。どの人も人生に真剣に向き合い、自分が満足できる状況になるにはどうしたらいいか模索していた。その元気を人数分だけもらった。

また、自分でもびっくりしたけれど、これまで口に出さずに頭の中でぐるぐる考えていたことをみんなの前でしゃべってみたら、あまり意識していなかった潜在的な気持ちまでしゃべりついでに口をついて出てきた。それでもって、みんなの前だから、ほんの少しだけいつもより前向きなことを言ってしまった。

カフェではたぶん、こんなことが起きていたのです。事前に書いてもらった「気になっていること」は、ほんの表面的なことにすぎません。本当の問題は、その下に隠れている本来の自分らしさや、本当に自分がやりたいことを見失ったり忘れたりしていることでした。カフェで過ごした時間は、それを取り戻すための時間だったのかもしれません。

「育休後カフェ」で解決できない問題

カフェで2時間話しただけでは解決できない問題のうち、職場での上司や同僚、部下との関係に関するものは本人の努力だけでは難しいものがあります。次の章からは、どんな問題がなぜ起きているのかを考察し、これからどうすればよいのかを明らかにしていきたいと思います。

＊　＊

現在のところ、育休後カフェは各地域で開催を希望する人からのリクエストに応じて実施しています。今後も同様の形式で続けていくとともに、業種、職種、子どもが小・中学生の人、などの属性ごとのカフェも企画していく予定です。

2章

出産前後の就業継続

労働力人口の低下

育休後社員の活躍が社会全体として期待される理由とは何でしょうか。それは、日本の人口減少と少子高齢化に関係があります。

日本では今後少子化の影響で労働力人口が急速に減っていきますが、高齢化の進む社会で生活レベルを維持するためには実際に働ける人口を維持しなければなりません（図1）。国内でそれをまかなうためには、今まで労働市場から離れていた20代後半から30代の女性、そして60歳以上の労働者を労働市場に残す必要があります。

M字カーブ

日本の女性の労働力率を年齢階級別に見ると、35～39歳の年齢階級を底とする、いわゆるM字カーブを描いています（図2）。

試算によれば、女性の潜在的労働力人口が全員が就労し、M字カーブも解消した場合、429万人の労働力を確保することができます（図3）。

図１ 将来推計人口及び構成比の推移

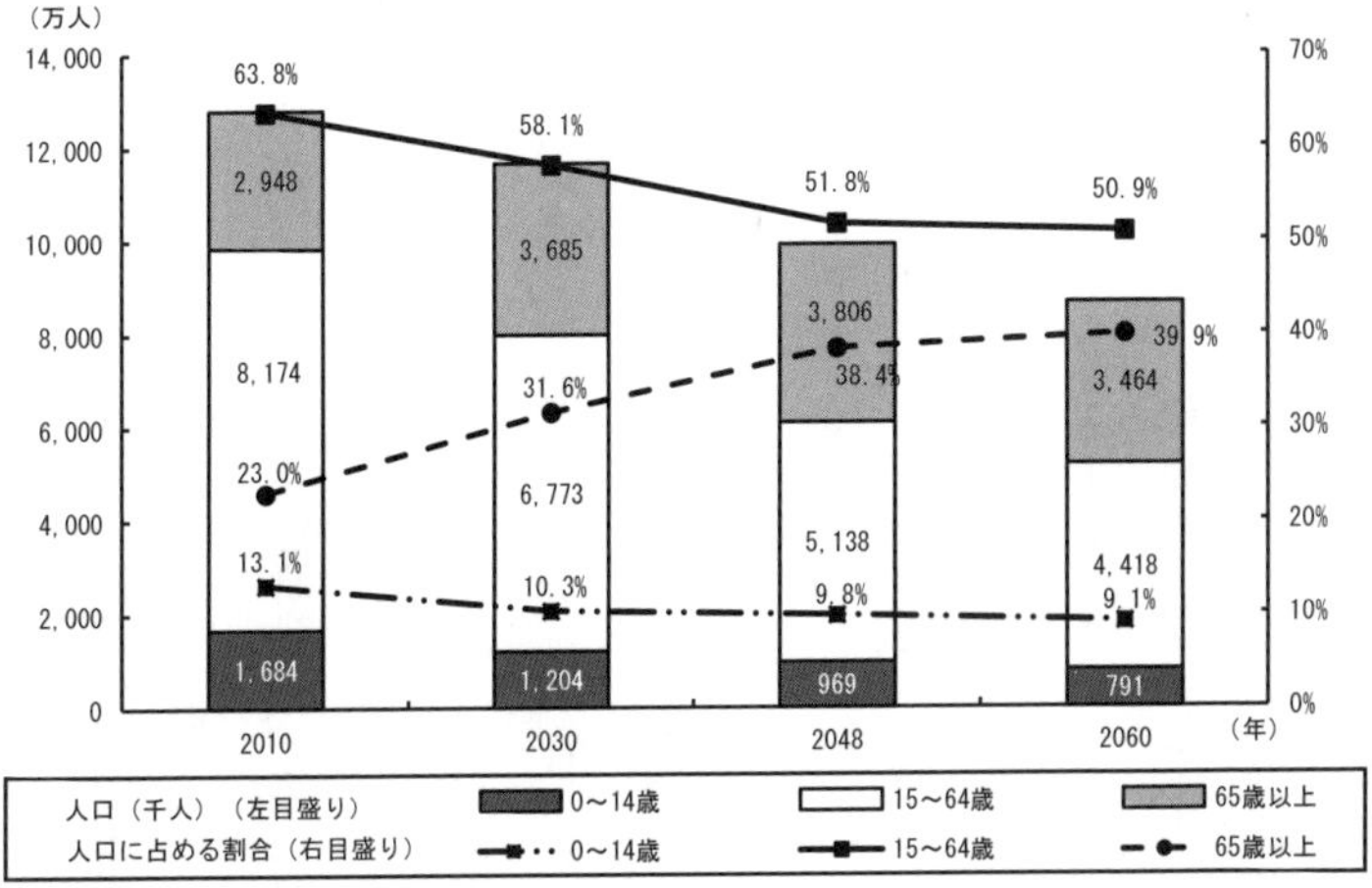

資料出所：国立社会保障・人口問題研究所「日本の将来推計人口（平成24年1月推計）」（出生中位、死亡中位の場合）

図２ 女性の年齢階級別労働力率の推移

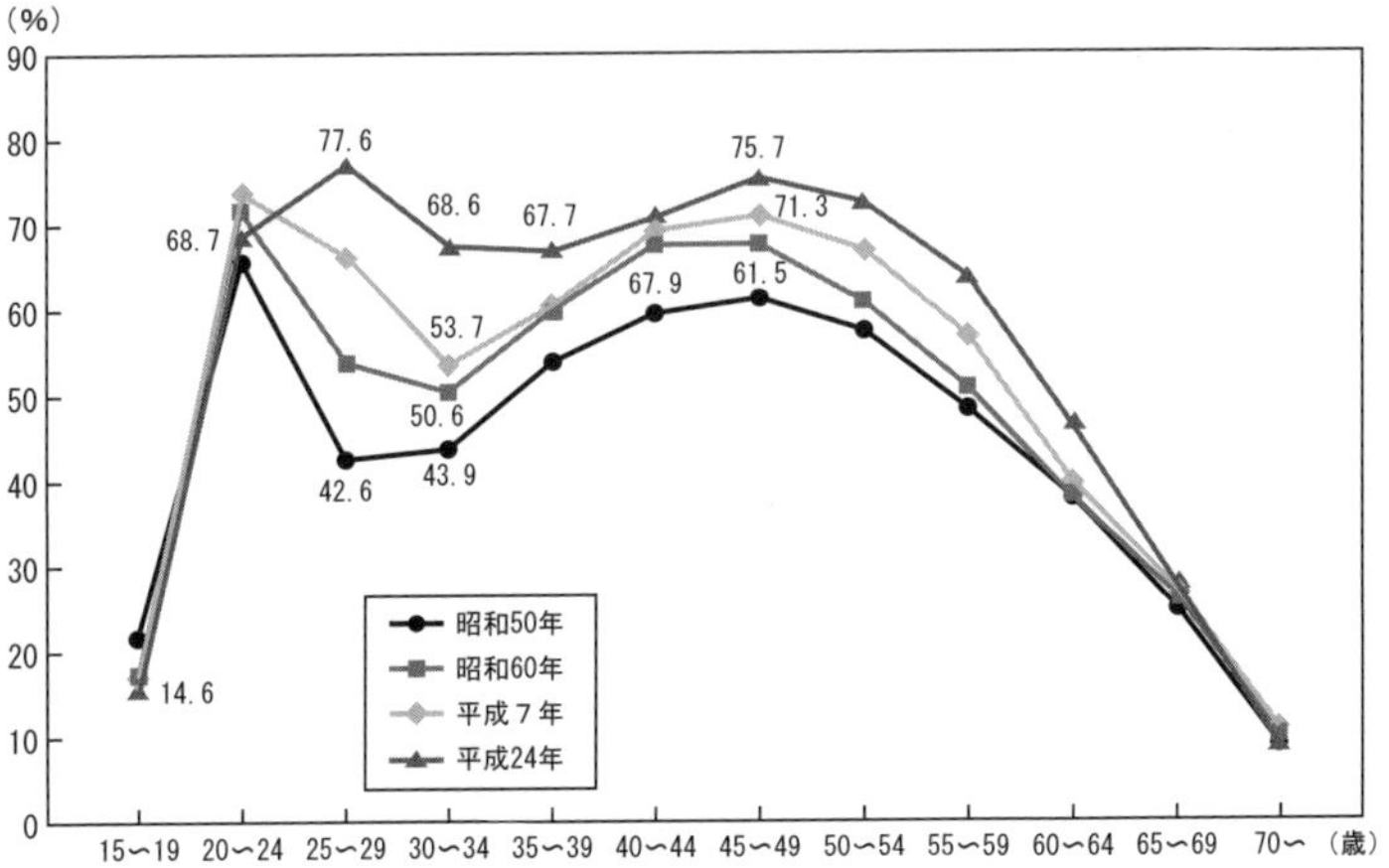

（備考）１．総務省「労働力調査（基本集計）」より作成。
２．「労働力率」は、15歳以上人口に占める労働力人口（就業者＋完全失業者）の割合。

これが実現できれば、労働力人口の低下対策として有効な方法になります。

そもそもM字カーブの凹みはなぜできるのでしょうか。それは言うまでもなく、結婚や出産で仕事をやめる人がいるからです。

国立社会保障・人口問題研究所「第14回出生動向基本調査（夫婦調査）」（2010年）の結果によれば、第一子出産前に働いていた女性のうち出産後も就業を継続している女性は38％であり、1985年に男女雇用機会均等法ができてから率としてはほとんど変わっていません（**図4**）。6割以上の女性が仕事をやめているのです。

今の20代、30代の女性は、小・中学校、高校、大学で男子と同じように学び、活動してきています。女子生徒は成績がよいだけでなく、部活やボランティアでも男子と変わることなく積極的に活動しています。

企業の採用面接でも女子は好印象を与えています。成績順に採ると女子の割合が高くなりすぎるので調整した、という採用担当者の話はめずらしくありません。入社してからも女性社員はバリバリと働きます。キャリアアップしたいという願望も強く、自分磨きや勉強会、異業種交流会などに積極的に参加します。

しかし、20代後半から30代になり、結婚し子どもを持つことを考えはじめて周りを見渡してみると、子育てしながら生き生きと働いている先輩女性社員がとても少ないことに気づき

図3　M字カーブ解消による女性の労働力人口増加の試算

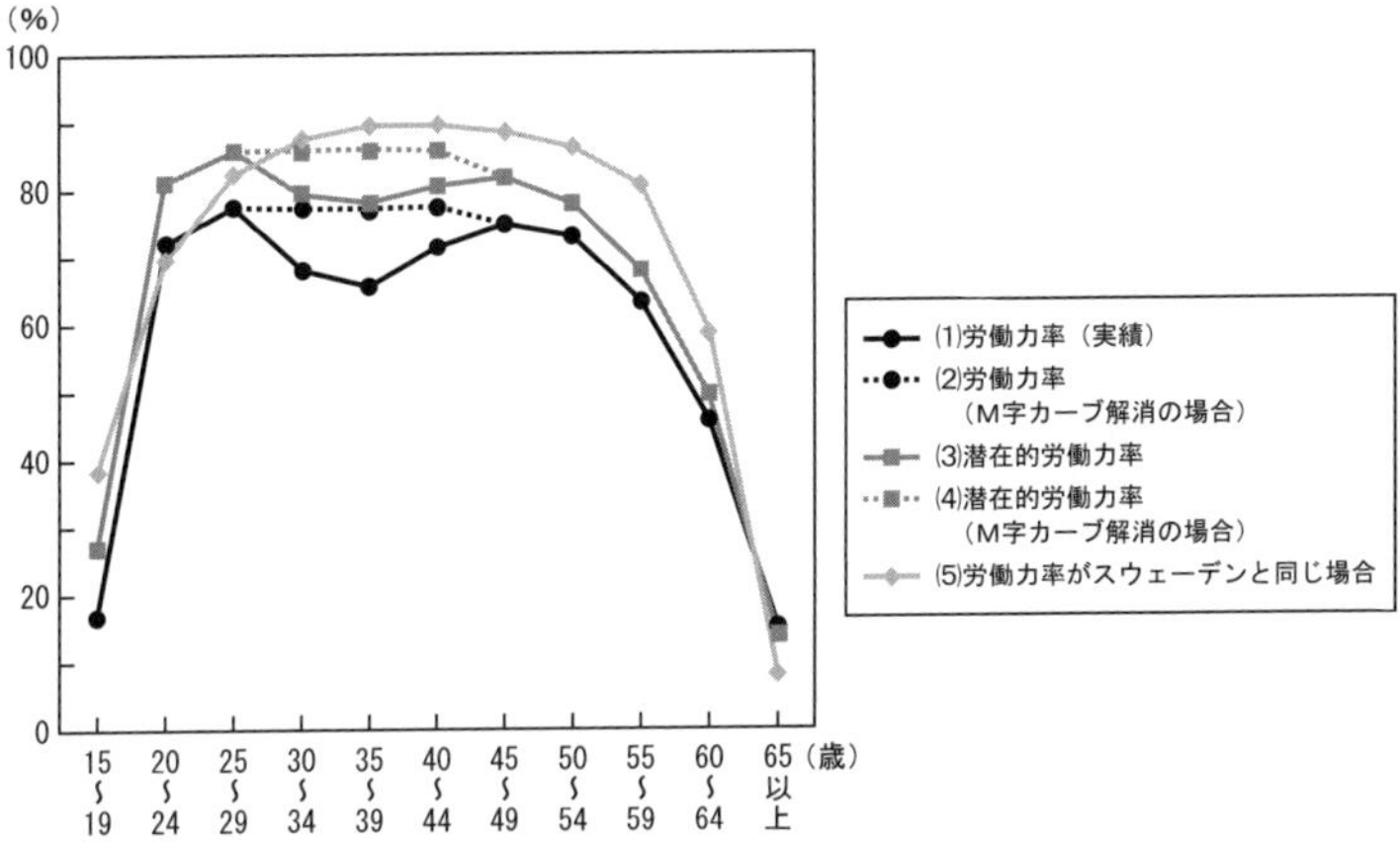

	労働力人口（女性）の試算（万人）	実績と比べた増加分（万人）	増加率１[*1]（%）	増加率２[*2]（%）
(1)労働力人口（平成22年度実績）	2,768	−	−	−
(2)労働力人口（M字カーブ解消の場合）	2,887	120	4.3	1.8
(3)潜在的労働力人口	3,109	342	12.4	5.2
(4)潜在的労働力人口（M字カーブ解消の場合）	3,196	429	15.5	6.5
(5)労働力率がスウェーデンと同じ場合	3,280	513	18.5	7.8

（備考）１．総務省「労働力調査（詳細集計）」（平成22年）、ILO “LABORSTA” より作成。平成23年の結果は、岩手県、宮城県及び福島県を除いた全国の実数であるため、22年の結果を引き続き使用することとする。
２．「M字カーブ解消の場合」は、30〜34歳、35〜39歳、40〜44歳の労働力率を25〜29歳と同じ数値と仮定したもの。
３．潜在的労働力率＝（労働力人口＋非労働力人口のうち就業希望の者）／15歳以上人口。
４．労働力人口男女計：6,581万人、男性3,814万人（平成22年）。
５．(4)、(5)の労働力人口の試算は、年齢階級別の人口にそれぞれのケースの年齢階級別労働力率を乗じ、合計したもの。
＊１「増加率１」：労働力人口（女性）2,768万人（平成22年）を分母とした計算。
＊２「増加率２」：労働力人口（男女計）6,581万人（平成22年）を分母とした計算。

ます。そして、管理職やそれ相当の高い職位の女性で子どもがいる人は、ほとんどいない自分の職場では、育児と仕事の両立は不可能なような気がしてくるのです。

- 子どもを持ってキャリアアップをあきらめる
- キャリアアップのために子どもをあきらめる

この二つのどちらかを選ばなくてはならないのではないか、と悩む20代、30代の女性に実際に数多く会いました。子どもがどうしてもほしい人は、「苦労して預け先を決め、相当忙しい毎日になることを覚悟して復職したとしても、キャリアアップできないのなら苦労の甲斐がない。それなら子どもが小さいうちは子育てに専念しよう」と考え、退職を決意します。また、雇用される女性の半数以上を占める非正規労働者は、正規労働者に比べて育休取得のための要件が厳しいため、出産前に離職する人が多くいます。M字カーブの凹みはこういった人たちによるものです。

出産前後の継続就業

第一子出産前後に仕事を継続する人の割合を就業形態別に見ると、「正規の職員」で就業を継続する人は1980年代後半の40・4%から2000年代後半の52・9%へと12・5ポイ

図４　第一子出生年別にみた、第一子出産前後の妻の就業経歴

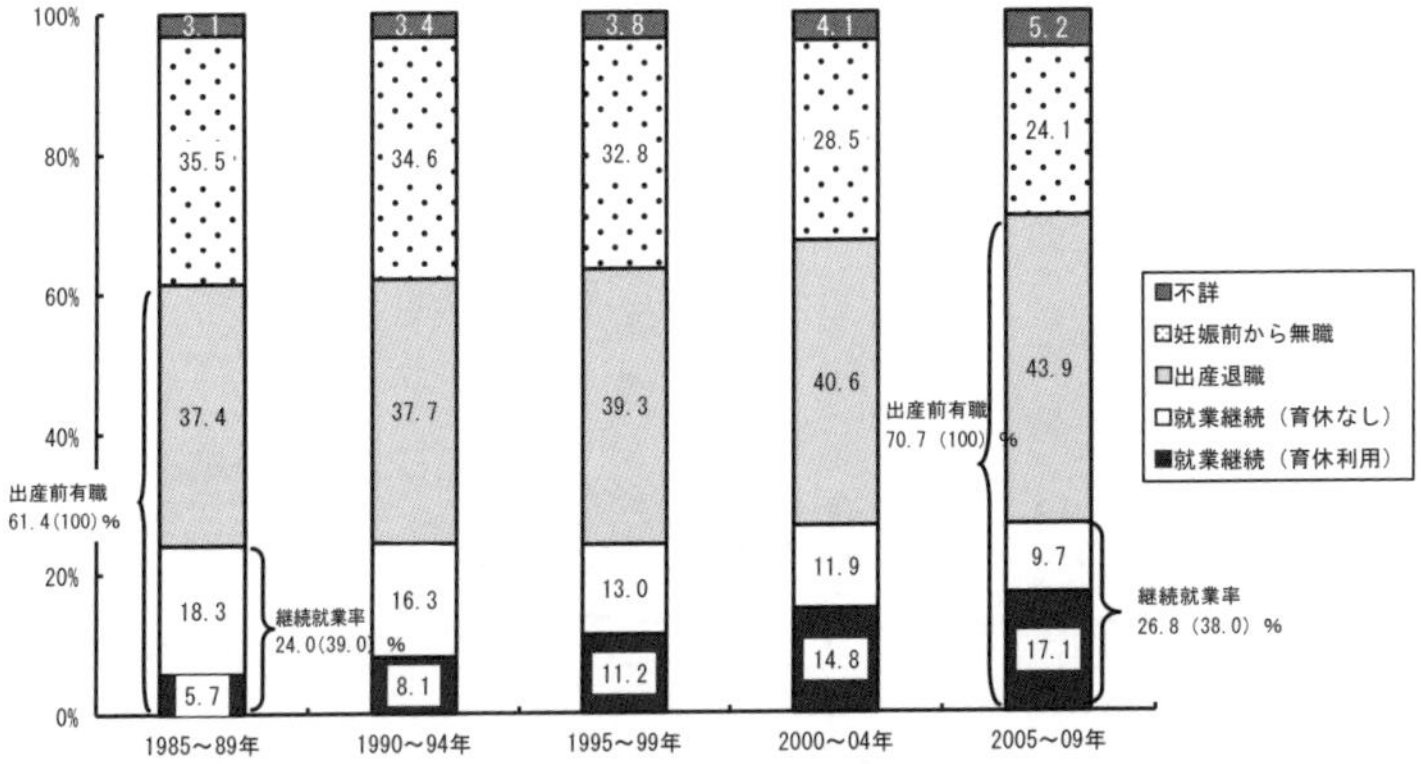

資料出所：国立社会保障・人口問題研究所「第14回出生動向基本調査（夫婦調査）」（平成22年）
（注）初婚どうし夫婦について、第12回～第14回調査の当該児が1歳以上15歳未満の夫婦を合わせて集計
出産前後の職業経歴：就業継続（育休利用）－第一子妊娠前就業～育児休業取得～第一子1歳時就業
就業継続（育休なし）－第一子妊娠前就業～育児休業取得なし～第一子1歳時就業
出産退職　－第一子妊娠前就業～第一子1歳時無職
妊娠前から無職　－第一子妊娠前無職～第一子1歳時無職

ント上昇しています。

「パート・派遣」は１９８０年代後半の23・7％から１９９０年代後半の15・2％へ低下、２０００年代後半には18・0％と回復しています。

就業を継続した人の育児休業利用について見ると、「正規の職員」は１９８０年代後半の13・0％から２０００年代後半の43・1％へと30・1ポイント上昇しています。「パート・派遣」は１９８０年代後半の2・2％から１９９０年代には０％台に落ち込み、２０００年代後半には4・0％に回復しました。これは、２００５年の改正育児・介護休業法の施行により、育児休業の対象となる労働者の範囲が拡大されたことによるものです。しかし、「正規の職員」

図５　就業形態別にみた出産前後の妻の就業継続割合及び育児休業を利用した就業継続割合

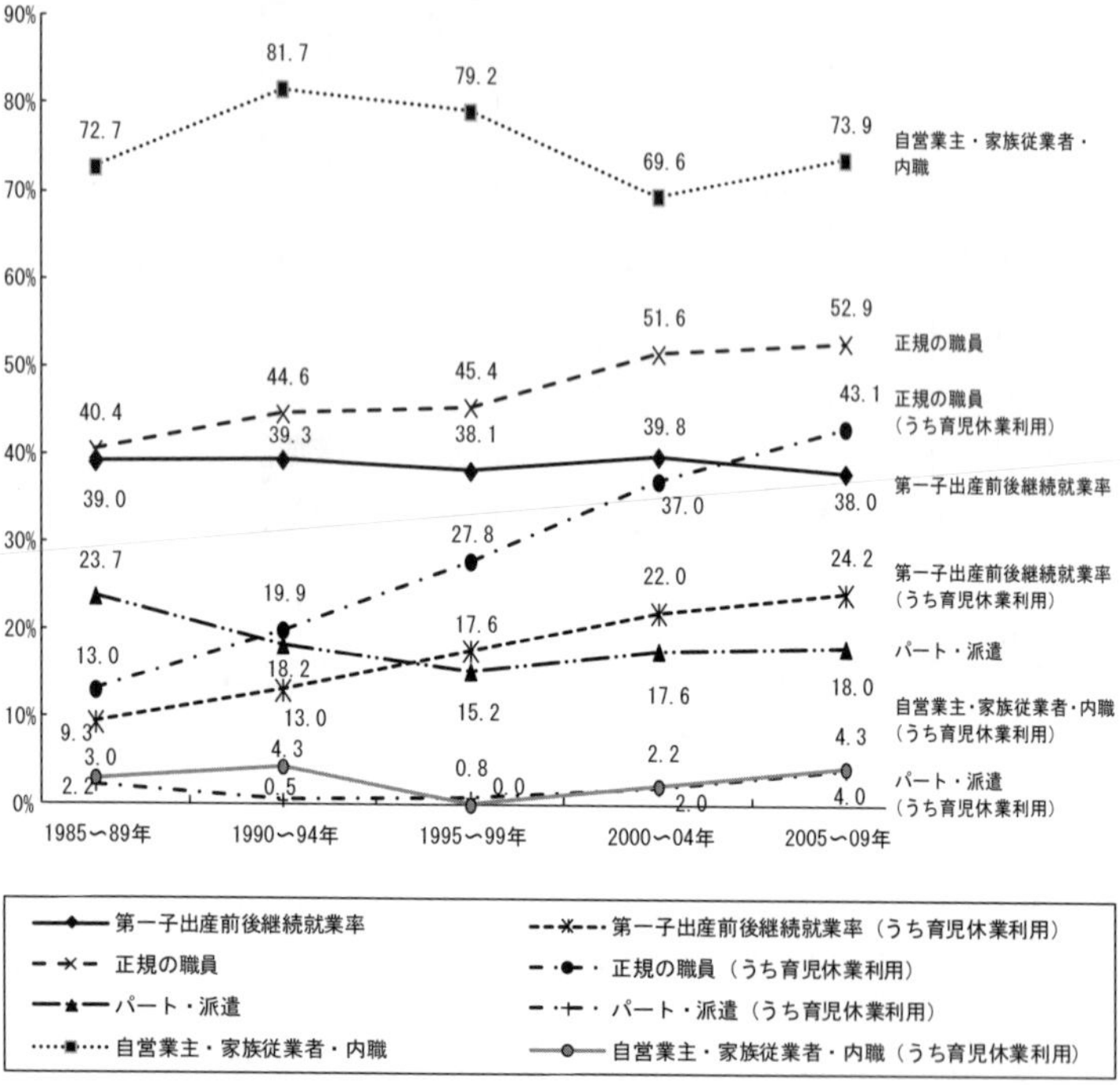

資料出所：国立社会保障・人口問題研究所「第14回出生動向基本調査（夫婦調査）」（平成22年）
（注）初婚どうし夫婦について、第12回〜第14回調査の当該児が１歳以上15歳未満の夫婦を合わせて集計

図6　雇用形態別にみた役員を除く雇用者の構成割合の推移（男女別）

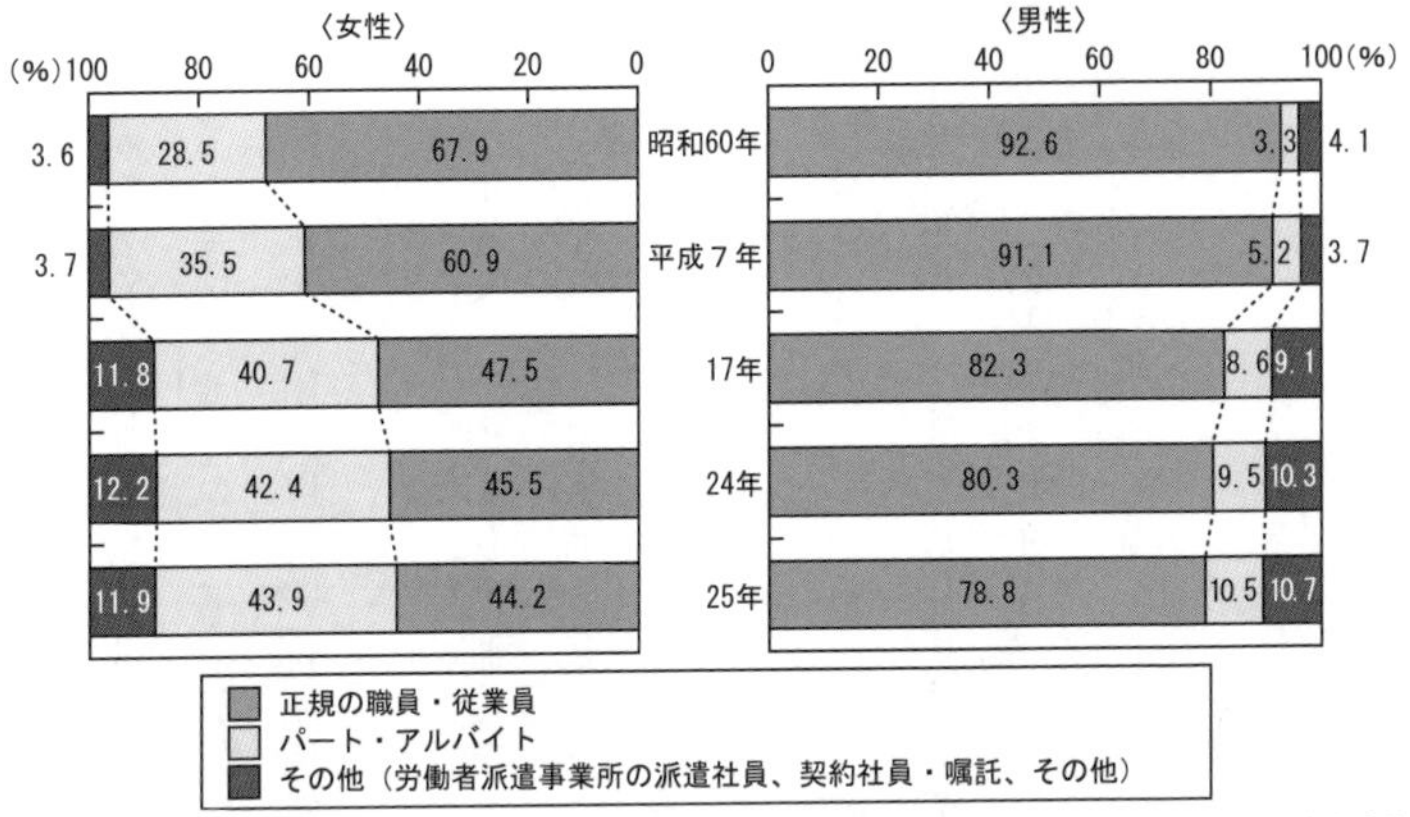

（備考）１．昭和60年と平成７年は、総務庁「労働力調査特別調査」（各年２月）より、17年以降は総務省「労働力調査（詳細集計）」（年平均）より作成。「労働力調査特別調査」と「労働力調査（詳細集計）」とでは、調査方法、調査月等が相違することから、時系列比較には注意を要する。
２．「正規の職員・従業員」と「非正規の職員・授業員」の合計値に対する割合。

に比べてかなり低い割合にとどまっており、今後取得促進を図る必要があります（**図5**）。

正規職員では就業継続率が上昇しているのに、全体の就業継続率が微減なのは、女性労働者に占める非正規労働者の割合が年を追うごとに高くなっていることによるものです（**図6**）。

育児休業制度の有無は継続就業にどのような影響を与えているのでしょうか。

正規雇用では、「育児休業制度あり」の会社において育児休業を取得して就業を継続する人の割合が年々増加しており、2005年以降では79・6％に達しています。つまり今や制度がある会社では第一子を出産した5人中4人は仕事を続けている計算です。一方、「育児休業制度なし」の会社でも同様に就業継続する割合が増えており、法律に基づき育児休業を取得する人も増えていますが、2005年以降の就業継続率は45%にとどまっています。第一子の妊娠・出産で二人に一人はやめていることになります。この結果から、正規雇用の場合、育児休業制度が就業継続率の改善に大きな影響を与えていることがわかります。

非正規雇用では、育児休業制度のありなしにかかわらず、就業継続する割合の増加がこの10年間で顕著です。正規雇用のケースほど差は大きくないものの、やはり育児休業制度が就業継続率の増加に寄与しているという結果です（図7）。

以上からわかることは、第一子出産時の就業継続は正規雇用で育児休業制度がある会社で働いているケースがもっとも高く、約8割に達しており、増加傾向が続いているということです。正規雇用、非正規雇用いずれの場合も育児休業制度を整えることで就業継続率はさらに増加するものと思われます。

図７　第一子妊娠・出産期の退職率と育児休業取得割合
－出産年代・妊娠時雇用形態・育児休業制度有無別－

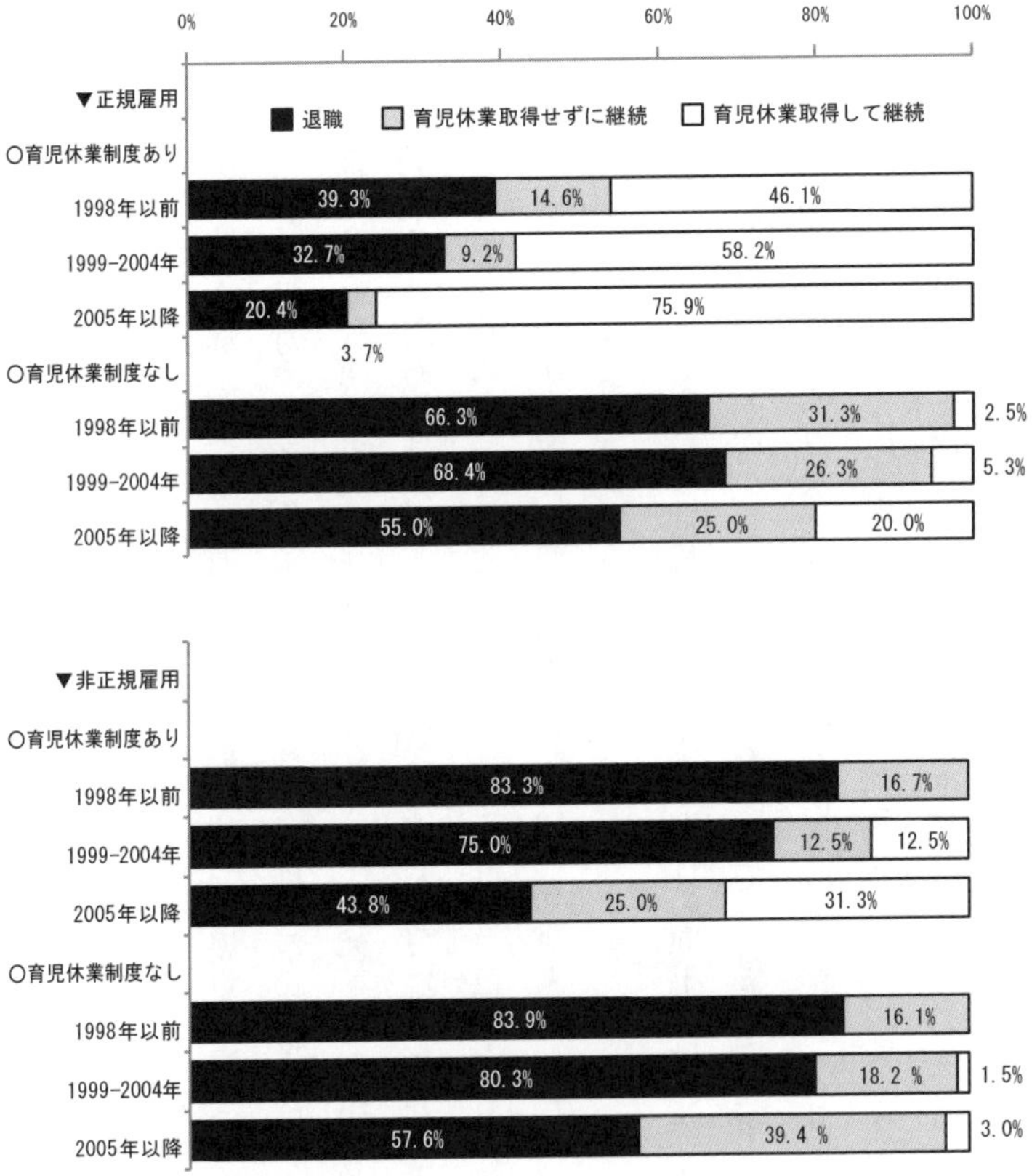

資料出所：労働政策研究・研修機構労働政策研究報告書No.136「出産・育児期の就業継続－2005年以降の動向に着目して－」（平成23年）
注）調査対象は、全国30～40歳の女性 2,000人

育休後のキャリア形成

『平成23年版　働く女性の実情』（厚生労働省雇用均等・児童家庭局）では、子どもを持つ前後で職業キャリアに対する考え方の変化を男性と女性とで比較しています（図8）。それによると、男性では「仕事以外の生活を充実させたい」と答えた人が子どもを持つ前の10・0％から子どもを持ったあとは15％と約1・4倍になったのに対し、女性（正社員）では11・9％から23・8％と2倍になっています。女性（非正社員）は子どもを持つ前から生活の充実を望む割合が高いためか出産後の変化が小さく（19・0％→22・2％）、出産後の数字は女性（正社員）よりむしろ低くなっています。

女性（正社員）で子どもを持つ前後で「昇進や専門性の向上には興味がなく仕事以外の生活を充実させたい」に意識が変化した人に理由を聞いてみると、「仕事と育児との両立について職場や上司の理解が得られない」「短時間勤務の評価が低い」「長時間働かないと評価されない」「長期的なキャリアイメージが見えない」など、両立支援や仕事のやりがい・評価について否定的に捉えている割合が高くなっています。

子どもを持つ前は管理職や専門職を目指すキャリア志向であったが、出産後生活の充実に

図８　最初の子どもを持つ前後での職業キャリアに対する考え方の変化

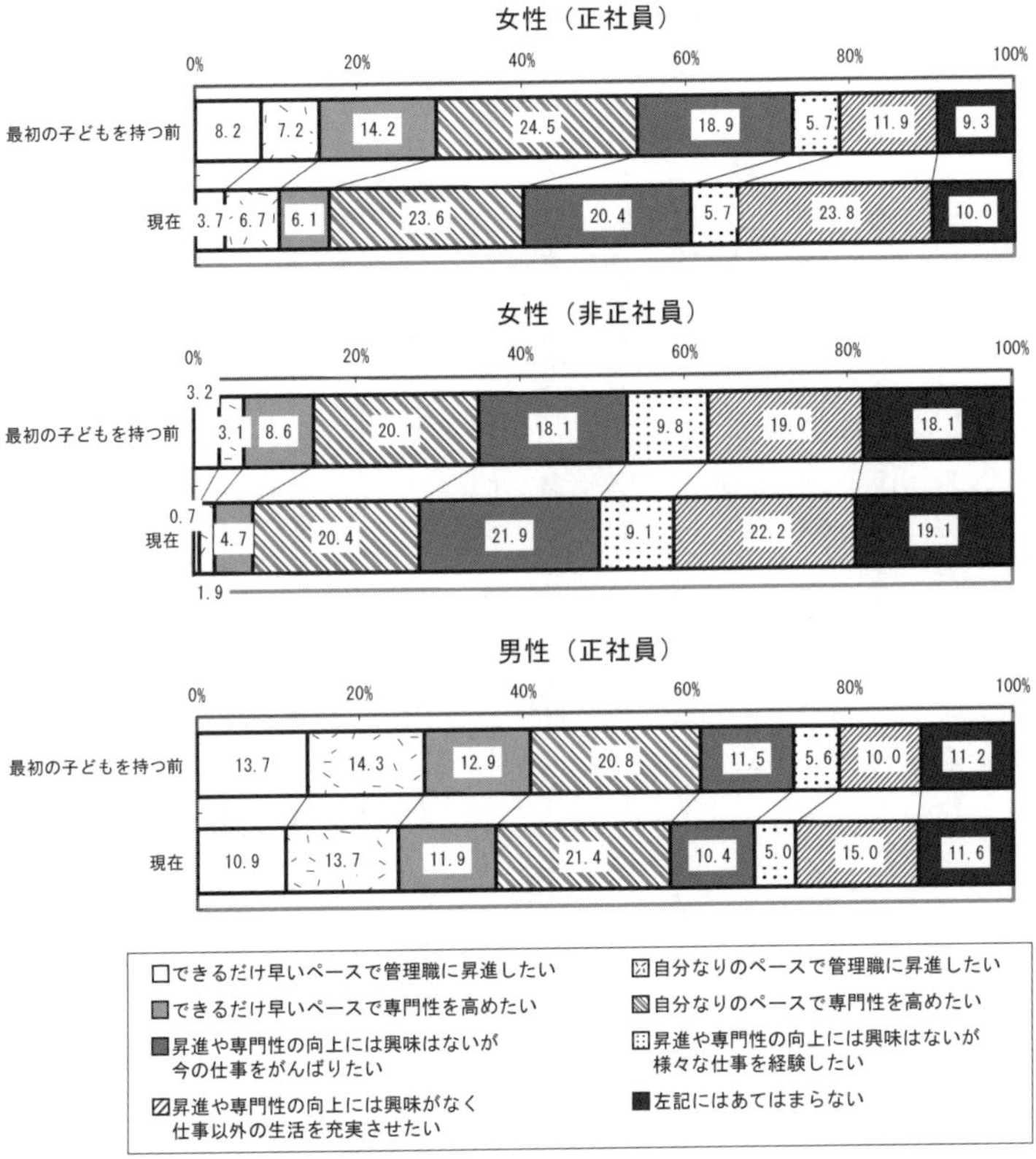

資料出所：厚生労働省委託 三菱UFJリサーチ＆コンサルティング「育児休業制度等に関する実態把握のための調査（労働者アンケート調査）」（平成23年度）

重心が移った女性正社員が生活重視に傾いた原因の一つと思われるデータがあります（図9）。

育児目的での両立支援制度利用者のキャリア形成のための支援について、複数回答を求めたものです。

この結果から明らかなことは、育児休業、短時間勤務制度、時間外労働の免除といった制度を利用している社員に対し、特にキャリア支援を行っていない企業が3分の1以上あり、規模が小さい企業ほどその割合が高く、300人以下では半数以上であることです。一方、数は少ないものの、制度利用者にキャリア形成をテーマにした研修を実施したり、ロールモデルを開発し、情報提供をしている企業も存在しており、そういった取組みが他の企業にも広がることで両立支援制度利用者の持つ「長期的なキャリアイメージが持てない」という不安が解消されていくものと期待されます。

ここまで、制度が整っているだけでは解決されない就業継続の難しさ、両立支援制度利用者のキャリア形成の難しさについて見てきました。このことは国が主導で進めてきた両立支援の施策の限界を示しています。法律や制度だけではない、さらなる取組みが必要なのです。それは、雇用する側、働く側の両方が互いを知り一人ひとりの多様性を考慮しながら働き方を決めていくプロセスとも言えるでしょう。まさにダイバーシティ・マネジメントそのものです。

図9　育児目的での両立支援制度利用者のキャリア形成のための支援：複数回答

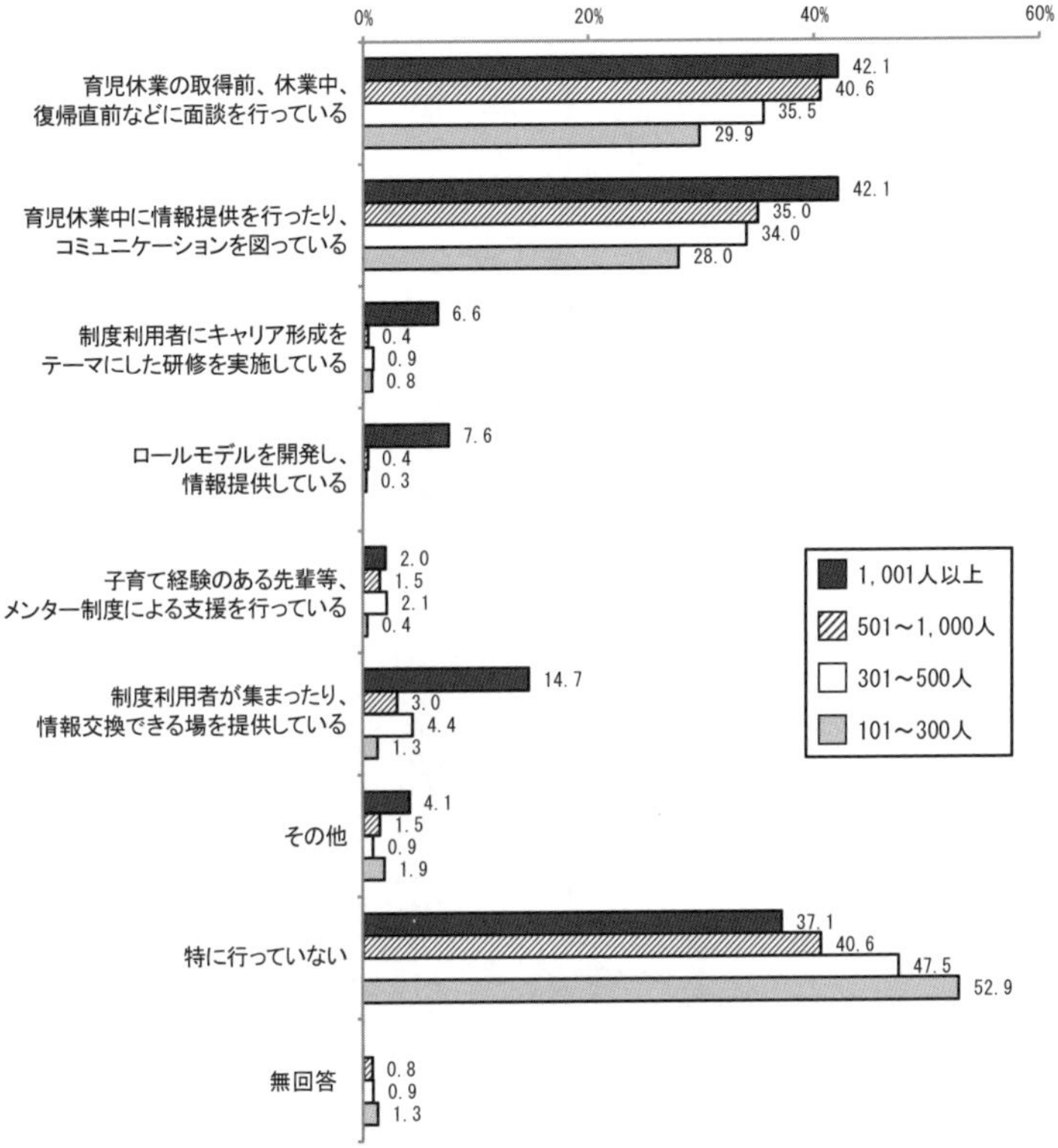

資料出所：厚生労働省委託 三菱UFJリサーチ＆コンサルティング
「育児休業制度等に関する実態把握のための調査（企業アンケート調査）」（平成23年度）

女性活躍推進法

2015年8月末に、「女性の職業生活における活躍の推進に関する法律」（略して女性活躍推進法）が成立しました。

この法律は、自らの意思によって職業生活を営み、または営もうとする女性の個性と能力が十分に発揮されることが一層重要とし、女性の職業生活における活躍を推進し、豊かで活力ある社会の実現を図るものです。

育児をしながら働く女性が、長期的にキャリア形成していくことが可能な社会にならなければ、意思決定の場に女性を参画させることはいつまでも実現しないでしょう。日本経済の活性化のためにも、働く母親が活躍することは、今後一層必要になってくるのです。

「働き続ける」と「退職する」との違い

生涯賃金では

6割の女性が第一子出産を機に仕事をやめています。長時間労働が恒常化した職場環境であったり、夫の帰宅が遅く、子育ての多くを一人でしなければならなかったりといった要因もありますし、子育ての時間をしっかり確保したいという考えから退職するケースもあるでしょう。

しかし一度退職してしまうと、生涯賃金では以下のように、大きな差があるのも事実です。

正社員として定年まで働いた場合、一度退職し正社員として再就職した場合とパートで再就職した場合の3ケースで比較してみると以下のようになります。

前提：大卒女子、28歳で第一子、31歳で第二子を出産。

退職してから再就職までの期間が短いほど、生涯賃金は多くなります

◆ケース1
育児休業を取得しながら60歳定年まで正社員で働き続けた場合

約2億5,700万円

◆ケース2
第一子出産を機に退職し、第二子の小学校入学と同時に正社員で再就職した場合

約1億7,700万円

正社員で再就職しても **8,000万円**の差！

正社員で再就職しても、前職に復職でなければ、経験年数がリセットされ、賃金カーブが下がるとともに、退職金も低くなってしまうため、大きな差がつくことになります

◆ケース3
第一子出産を機に退職し、第二子の小学校入学と同時にパートで再就職した場合

約4,900万円

パート復帰の場合は **2億円以上**の差！

非正規社員は、一般的に正社員と比較して、年数を経ても昇給幅が小さく、賞与が出ても少額であるため、正社員で再就職した場合よりもさらに生涯賃金が少なくなってしまいます

出典：内閣府H17「国民生活白書」

・1年以上離職期間があった既婚で子供がいる女性について調査をしたところ、8割以上の女性は、離職前に比べて再就職後の年収が下がったということがわかりました。またそのうちの半数以上は、半分以下の年収になっています。
・現在働いていないで、既婚で子供がいる女性のうち8割は、「すぐにでも」「子供がある程度大きくなったら」「いずれ」働きたいと思っています。再就職した場合は、正社員ではなく、ほとんどがパートなのですが、この中には正社員として働きたくても叶わなかった人も含まれています。

内閣府H18「女性のライフプランニング支援に関する調査」

年金では

夫婦で働くと年金受給額も増える！

ほぼ今のような年金制度ができたのは、戦後の高度経済成長期であり、年金制度は、夫が会社員で妻は専業主婦となるケースを想定して設計されています。

しかし深刻な少子高齢化の進行により、年金の財源である保険料を納める現役世代に対して、年金を受給する高齢者世代が増えてきたため、年金制度はこれから大きく変わる可能性があります。

会社員の年金受給の開始年齢は60歳から段階的に65歳まで引き上げられています。今後はさらに、開始年齢を引き上げたり、年金額を減らすなど、さまざまな改正案が出ているため、従来の「夫が働き、妻が専業主婦」というケースのままでは、老後の生活を支えきれない事態が予想されます。

つまり、将来は公的年金（老齢基礎年金と老齢厚生年金）が減額になり、企業年金は額を見直したり、廃止することもあるので、夫一人が家庭を支える構図のままでは、現在年金を受給している世代のような暮らしは難しいと思われます。

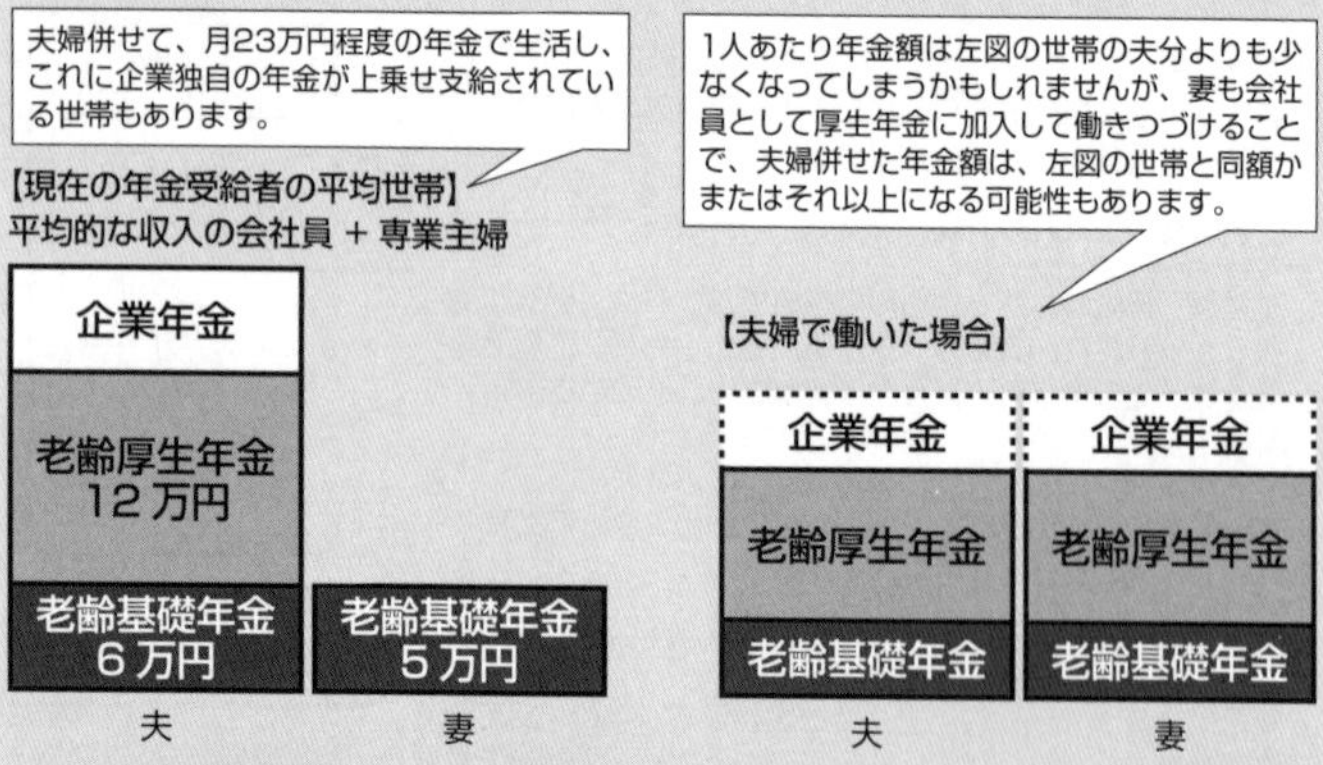
夫婦併せて、月23万円程度の年金で生活し、これに企業独自の年金が上乗せ支給されている世帯もあります。
【現在の年金受給者の平均世帯】
平均的な収入の会社員 ＋ 専業主婦
企業年金
老齢厚生年金 12万円
老齢基礎年金 6万円
老齢基礎年金 5万円
夫
妻
1人あたり年金額は左図の世帯の夫分よりも少なくなってしまうかもしれませんが、妻も会社員として厚生年金に加入して働きつづけることで、夫婦併せた年金額は、左図の世帯と同額かまたはそれ以上になる可能性もあります。
【夫婦で働いた場合】
企業年金
企業年金
老齢厚生年金
老齢厚生年金
老齢基礎年金
老齢基礎年金
夫
妻

※イメージ図で、金額は概算です。
※公的年金のうち、基礎年金は65歳以上なら要件を満たしていれば支給されますが、厚生年金は会社員等として加入していなければ支給されません。また、厚生年金の加入期間と支払った保険料額によって年金額が変わります。
◆年金制度についての問い合わせ先：日本年金機構または近くの年金事務所

補足・コメント

- 年金は、高齢になったときの家計を支える相互扶助と考えている人が少なくありませんが、高齢でなくても、例えば障害を負って働けなくなったときの生活や、死亡したときに遺族の生活を保障してくれます。
- 雇用の不安定な非正規労働者が増えています。男性の5人に1人は非正規労働者です。また、正社員として定年退職まで勤めるといった将来像が描けない今の状況では、育児休業後も妻が働くということは、家庭にとってのリスク回避にもつながることになります。

3章

妊娠中、産休、育休の過ごし方

「いつ頃が産み時ですか」

これから出産を考えている女性に、育児と仕事の両立について話をすると、たいてい聞かれる質問です。出産は計画してもその通りにはいかないものですから、先延ばしにしているとベストコンディションでの妊娠・出産のタイミングを逃してしまうかもしれません。そのため、「あまり考えすぎないほうがいいですよ」というような答え方をしてきました。

ただ、入社してから出産までのキャリアの積み方によって、育休後の仕事面での課題が変わってきます。例えば、入社3年以内に出産した場合、仕事を覚える時期の真っ最中ですから、時には時間外労働をしてでもやり遂げるべき仕事があるかもしれません。この時期が育休後と重なると必要な経験が積めなくなり、同期から早くも遅れてしまいます。遅れたくないという気持ちと、育児のため仕事に十分な時間がかけられないという制限の板挟みになり、精神的に追いつめられてしまうか、追いつくのをあきらめてしまう可能性があります。

一方、主任、係長、サブリーダーかそれ以上のポジション、すなわち、ある程度仕事を周りの人に任せられる立場で妊娠・出産に臨んだ場合、効率よく仕事をする工夫が自分でできますし、部下や同僚に自分の仕事を教えて分担してもらうこともできます。

周囲から認められて、職場の中でなくてはならない存在になってからの出産の場合、育休から戻るときに「待ってました」と言われることもあります。期待されていることがわかると、自らその信頼を裏切らないようにしよう、という気持ちが強くなり、自らさまざまな工夫をして仕事に穴をあけないための体制を整えようという気になります。

周りからの期待と、自分の中にできた自信とに支えられて、多少つらくても頑張っていこうという気持ちが自然に湧いてくる状況で育児との両立に臨むのが理想であり、それは一人前になったと言われるようになる頃ではないでしょうか。

妊娠の報告

子どもができたとわかったとき、いつ頃会社に報告したらよいのか？　これもよく聞かれる質問です。答えは「なるべく早く報告する」です。初めての子どもの場合、上司への報告をためらう気持ちになるのはめずらしいことではありません。日頃から育児中の社員に不満をもらすなど、理解がない上司の場合、歓迎されない反応を予想して報告したくない気持ちになるかもしれません。また、単に安定期になってから報告しようと思う人も多いようです。

しかし、出産前後には短くても4ヵ月、長ければ3年も休むことになるため、職場では休業予定者が行っていた仕事を他の人に割り当てたり、場合によっては人の異動や雇用をしたりしなければなりません。そういった手配には時間がかかるので、報告が早ければ早いほど周りは対応しやすいということになります。

また、次に述べる母性保護制度は、妊娠初期にこそ使っていただきたい制度です。これらを積極的に利用して妊娠と仕事を安全に両立するために、早目に報告することが自分のためにもなるのです。

なお、妊娠したことをまだ公表したくないとか、流産しやすい体質のためあまり早い段階から報告したくない、という場合はどうしたらよいのでしょうか。そういう場合にも、上司にだけは報告しておきましょう。そして、公表してもよい時期や、流産の可能性があることなども、伝えておきます。部下のプライベートなことをきちんと把握し、黙っているべきことは黙っている。管理職にはそういう人がなっているはずですので思い切って話してみましょう。もし事情があってどうしても言いづらい、という場合には、上司の上司や、人事担当者で信頼できる人に相談してみましょう。

Ⅰ．母性保護に関する制度を上手に使う

妊娠中や産後の母親の体調管理（母性保護）のために、労働基準法と男女雇用機会均等法では次のように定めています。

対象は、正社員だけでなく、パート社員、有期契約社員、派遣社員等すべての労働者にあてはまります。

※派遣社員の場合は、派遣元と派遣先両方で措置を講ずる必要があります。

労働基準法

・事業主は、女性社員が請求した場合、出産予定日以前6週間（双子などの多胎妊娠の場合は、14週間）と産後8週間は働かせることができません。ただし、産後6週間を経過して女性社員が請求した場合は、医師が支障がないと認めた業務の範囲で働くことはできます。【65条】
・事業主は、妊娠中の女性が請求した場合は、体に負担がかからない業務に転換させなければいけません。【65条】
・事業主は、妊娠中と出産後1年未満の女性社員を、重量物を取り扱う業務、有害ガスを発散する場所での業務、その他妊娠、出産等に有害な業務に就かせてはいけません。【64条の3】
・事業主は、妊娠中と出産後1年未満の女性社員が請求した場合は、時間外労働、休日労働、深夜の労働をさせてはいけません。【66条】
・1歳未満で職場復帰した女性社員は、1日2回各々最低30分、哺育のための育児時間を請求することができます。【67条】
※必ずしも2回に分ける必要はなく、始業または終業時に1時間をあてることも可能です。
・事業主は、産前産後期間中とその後30日間は原則として解雇してはいけません。【19条】
・年次有給休暇の出勤率の算定にあたっては、産前産後休暇の期間は出勤したものとして扱われます。【39条】

男女雇用機会均等法（妊娠中と出産後1年未満の女性社員が対象です）

・妊娠、出産、産前産後休業等を理由とする解雇は、無効となります。【9条3項、4項】
・事業主は、女性社員が保健指導または健康診査を受けるために次の必要な時間を確保することができるようにしなければいけません。【12条】

妊娠23週まで	4週に1回
妊娠24週から35週まで	2週に1回
妊娠36週から出産まで	1週に1回

※医師からの指示があれば、これより頻繁に通院したり、出産後1年未満で通院することもできます
※通院時間は、法律上は有給にすることまでは規定されていません
・事業主は、保健指導または健康診査に基づく医師からの指導があったとの申出を女性社員から受けたときには、女性社員の勤務時間の変更、勤務の軽減等必要な措置を講じなければいけません。【13条】

アドバイス

●体調がすぐれず、つらいときには、時差出勤、休憩時間の延長、残業や休日出勤の免除等の措置をとってもらえるように相談してみましょう。
●重労働や立ち仕事の多い仕事の人は、作業内容や就業場所、労働時間等について相談してみましょう。
●医師からの指導内容を正確に伝えるために、「母健連絡カード」(P.42,43)の利用をお勧めします。

※会社によって、法定以上の制度を設けている場合があります。利用する場合は、確認してください。

母性健康管理指導事項連絡カード

（表）

母性健康管理指導事項連絡カード

平成　　年　　月　　日

事 業 主 殿

医療機関等名

医師等氏名　　　　　　　　　　印

下記の１の者は、健康診査及び保健指導の結果、下記2～4の措置を講ずることが必要であると認めます。

記

１ 氏 名 等

氏　名		妊娠週数	週	分娩予定日	年　月　日

２ 指導事項（該当する指導項目に○を付けてください。）

症　状　等			指導項目	標　準　措　置
つわり	症状が著しい場合			勤務時間の短縮
妊娠悪阻《おそ》				休業（入院加療）
妊婦貧血	Hb9g/dℓ以上11g/dℓ未満			負担の大きい作業の制限又は勤務時間の短縮
	Hb9g/dℓ未満			休業（自宅療養）
子宮内胎児発育遅延		軽　症		負担の大きい作業の制限又は勤務時間の短縮
		重　症		休業（自宅療養又は入院加療）
切迫流産（妊娠22週未満）				休業（自宅療養又は入院加療）
切迫早産（妊娠22週以後）				休業（自宅療養又は入院加療）
妊娠浮腫《ふしゅ》		軽　症		負担の大きい作業、長時間の立作業、同一姿勢を強制される作業の制限又は勤務時間の短縮
		重　症		休業（入院加療）
妊娠蛋《たん》白尿		軽　症		負担の大きい作業、ストレス、緊張を多く感じる作業の制限又は勤務時間の短縮
		重　症		休業（入院加療）
妊娠高血圧症候群（妊娠中毒症）	高血圧が見られる場合	軽　症		負担の大きい作業、ストレス・緊張を多く感じる作業の制限又は勤務時間の短縮
		重　症		休業（入院加療）
	高血圧に蛋《たん》白尿を伴う場合	軽　症		負担の大きい作業、ストレス・緊張を多く感じる作業の制限又は勤務時間の短縮
		重　症		休業（入院加療）
妊娠前から持っている病気（妊娠により症状の悪化が見られる場合）		軽　症		負担の大きい作業の制限又は勤務時間の短縮
		重　症		休業（自宅療養又は入院加療）

（裏）

症　状　等			指導項目	標準措置
妊娠中にかかりやすい病気	静脈瘤《りゅう》	症状が著しい場合		長時間の立作業、同一姿勢を強制される作業の制限又は横になっての休憩
	痔《じ》	症状が著しい場合		
	腰痛症	症状が著しい場合		長時間の立作業、腰に負担のかかる作業、同一姿勢を強制される作業の制限
	膀《ぼう》胱《こう》炎	軽　症		負担の大きい作業、長時間作業場所を離れることのできない作業、寒い場所での作業の制限
		重　症		休業（入院加療）
多胎妊娠（　　　　　胎）				必要に応じ、負担の大きい作業の制限又は勤務時間の短縮 多胎で特殊な例又は三胎以上の場合、特に慎重な管理が必要
産後の回復不全		軽　症		負担の大きい作業の制限又は勤務時間の短縮
		重　症		休業（自宅療養）

標準措置と異なる措置が必要である等の特記事項があれば記入してください。

3　上記２の措置が必要な期間（当面の予定期間に○を付けてください。）

１週間（　月　日～　月　日）	
２週間（　月　日～　月　日）	
４週間（　月　日～　月　日）	
その他（　　　　　　　　）	

4　その他の指導事項（措置が必要である場合は○を付けてください。）

妊娠中の通勤緩和の措置	
妊娠中の休憩に関する措置	

〔記入上の注意〕
(1)「4　その他の指導事項」の「妊娠中の通勤緩和の措置」欄には、交通機関の混雑状況及び妊娠経過の状況にかんがみ、措置が必要な場合、○印をご記入下さい。
(2)「4　その他の指導事項」の「妊娠中の休憩に関する措置」欄には、作業の状況及び妊娠経過の状況にかんがみ、休憩に関する措置が必要な場合、○印をご記入下さい。

指導事項を守るための措置申請書

上記のとおり、医師等の指導事項に基づく措置を申請します。

平成　　年　　月　　日

所属 ....

氏名 ....　印

事　業　主　殿

この様式の「母性健康管理指導事項連絡カード」の欄には医師等が、また、「指導事項を守るための措置申請書」の欄には女性労働者が記入してください。

出典　http://www.mhlw.go.jp/bunya/koyoukintou/seisaku05/pdf/seisaku05i.pdf
（18－19頁目）

仕事の引継ぎを完璧に

今担当している仕事の引継ぎ相手が決まったら、引継ぎ計画を立てましょう。

(1) **自分が担当している仕事、作業をすべて書き出す**
(2) **仕事の種類で分類する**
(3) **引継ぎ相手を記入する**
(4) **相手毎に引継ぎスケジュールを作成**
(5) **引継ぎ資料を作成し引継ぎを実施**

適宜上司に見てもらい、引継ぎ項目、引継ぎ相手が適当かどうかを確認します。引継ぎ相手が多忙でなかなか引継ぎ時間がとれない場合など、さまざまな理由で引継ぎがうまくいかない場合は上司に相談しましょう。

引継ぎ資料は、あなたがいない間に引継ぎ先の人をはじめとして、多くの人が目にするものです。休んでいる間にも、あなたの代わりになる存在です。そう思ったら、なるべくわかりやすいものを書こうという気になりますね。その仕事についてどのくらい理解していたか、担当が変わっても滞りなく仕事が進むことを目的に書かれているか、そういった観点で多くの人が目にすることになりますので、ぜひ間違いのない、わかりやすい資料を作ってください。

産前休暇に入る前に

産前休暇に入る前には、上司との面談、または上司と人事との三者面談がある職場が多いと思います。その際には必ず以下のことを伝えておきましょう。

- 里帰り出産をするかどうか
  する場合、期間、滞在場所の住所と電話番号
- 個人用携帯電話番号
- 個人用メールアドレス（PC、携帯電話の両方）
- 育児休業期間（＝復職予定日）
- 保育園の入園許可が出ないなどの理由で育児休業を延長する可能性があるかどうか
  ある場合、いつ確定するか（例えば、認可保育園の入園許可が発表になる2月上旬など）

右記以外のことでも、休暇中のことや復職後のことで気になることがあったら相談し、安心して出産に専念できるような状態にしておくことが大切です。

復職後は異動希望を出すべきか？

産前に従事していた仕事が多忙、あるいは職場で長時間労働が常態化しているような場合、職場復帰後はその職場ではやっていけないと自分で判断し、あらかじめ異動希望を出したほうがよいのか迷うという人が少なくありません。

なぜやっていけないと思うのでしょうか。長時間労働が常態化している職場では、長く職場にいる人に重要な仕事が割り当てられており、早く帰らなければならない人にはそれ以外の周辺の仕事が割り当てられてられることが多く、キャリアアップの道を断たれるように感じるからです。例えば、ソフトウェアの設計、開発職場の場合、開発の遅れや市場に出た製品のトラブル対応で長時間労働になることが多く、夜遅くまで働くことが難しい育児中の社員は担当からはずれることになります。エンジニアとしてキャリアを積もうと考えていた人は、その仕事からはずれたらスキルアップをすることができなくなります。それがわかっているのなら、なるべく早いうちから他の仕事に鞍替えし、そこでのキャリアを積んでいきたい、と考えるのも無理はないでしょう。

そういう人から相談された場合は、状況にもよりますが、自分から動く必要はないのではないかと答えます。慣れ親しんだ職場であれば、たとえ仕事の内容は変わったとしても、その職場のミッションがよく理解できているので自分の役割がよくわかります。同僚との人間関係もできていますし、誰が何を担当しているかもよくわかっています。自分の経験を他の人に伝えることもでき職場に貢献する方法はいくらでも見つかるのではないでしょうか。

キャリアアップへの不安があるのならば、率直に職場の上司と話し合い、同じ仕事を短時間勤務で続けられるか否かを検討したり、続けられない場合は新しい役割でのキャリアパスを提示してもらって、納得できればその仕事に挑戦してみるのもよいと思います。

産休・育休中の職場とのコミュニケーション

産休、育休中は定期的に職場と連絡をとり合うようにしておきましょう。出産したら職場に連絡を入れます。出産日は、産後休暇や育児休業の期間を決定するための起点となりますので、タイムリーに知らせることが必要です。

復職までの1年ほどの間、自分と子どもを取り巻く状況と職場との落差が大きいため、連絡をとろうとしても何を伝えたらよいのか戸惑ったり、気を遣いすぎて面倒に感じたりするかもしれません。そんなときは、子どもの写真を送るとか「元気です」とだけ伝えるのでもかまいません。職場の人はあなたが思うより気遣ってくれているものです。

地域とのつながり

育休中の過ごし方として、外出できる月齢になってきたら、子連れでお出かけしてみましょう。外へ出ると新たな出会い、発見があります。そんな出会いの場として「地区センター」、「子育て支援拠点」、「保育園の園開放」、「親子カフェ」についてご紹介します。

・地区センター

乳児と一緒に気軽に遊べる近所の施設として代表的なのは、地区ごとにある地区センター(呼び方はそれぞれの自治体によって違います)です。たいてい小さい子どもと保護者だけが入れるプレイルームがあり、いつでも遊ぶことができます。近所の親子とも友だちになれるかもしれません。また、そういった施設で毎月1~2回赤ちゃん体操のクラスが開かれていることもあります。お住まいの市区町村の広報で詳細を知ることができます。

・子育て支援拠点

また、最近よく見かけるのが子育て支援拠点（これもまた呼び方はさまざま）という場所。これは、自治体から委託を受けたNPOなどの市民団体が運営している施設です。先日地元の子育て支援拠点を訪問したところ、施設の中は親子でごった返していました。多い日は80～90組の親子が訪れるそうです。土曜日になると父子の割合がとても増えるとのことで、金魚や熱帯魚コーナーを作ったとのこと。お互いにあまりおしゃべりをしない傾向のお父さんがこの場所を好むそうです。

子育て支援拠点には、子育て中の親子向けのイベントチラシがいっぱいあふれていますので、貴重な情報に出会えます。情報収集の目的でも、行ってみる価値があるのではないでしょうか。

・保育園の園開放

また、保育園が近所の親子に園を開放していることもあります。近くを通ったときに聞いてみるか、自治体の窓口で問い合わせてみましょう。インターネットでスケジュールが公開されている場合もあります。地域によって、予約が必要な場合と必要ない場合があります。必ずしも、復職時に入園を希望する園でなくてもよいのです。保育園とはどんなところか、保育士さんはどんな人か、イメージをつかむためにもよい経験になるでしょう。

私自身の話になりますが、一人目の育児休業のとき、近所の無認可保育園が土曜日の午前中に地域の親子向けに園を開放しており、何度かお世話になりました。当時は、まさか復職時に子どもがそこへ入園するとは、そして結局二人とも卒園までそこへ通うとは思いもしませんでした。今思えば、育休中にお世話になったときの保育士さんの印象がよかったことが、長いお付き合いのきっかけになったように思います。この出会いには本当に感謝しています。

・親子カフェ

最近人気の親子向けスポット、それは親子カフェ／レストラン、キッズカフェなどと呼ばれる、子連れで気兼ねなくお茶や食事ができる場所です。店内に子どもを遊ばせるスペースがあり、大人が安心して食事をしたりおしゃべりをしたりできるようになっています。料金は多少割高ですが、子どもと一緒にいるときのあの緊張感から解き放たれてゆっくり過ごせるなら、ぜひ行きたいという気持ちになるのもわかります。よさそうなお店を見つけたら、育休中の仲間を募り、ランチ会を開催してみてはいかがでしょうか。楽しい時間が過ごせて、社員同士の情報交換もできたら一石二鳥です。

また、地域ではうまくママ友が探せないという人もいます。育休後カフェに来た育休中の人から「地元ではママ友ができない。仕事をしている人と友だちになりたいのだが、そういう人と出会えない」という悩みを聞きました。そこで彼女（Aさん）は遠出をして、都心で開催された育休後カフェに参加したのでした。

Aさんは行動力のある人です。地元で友だちを見つけるため、ワーキングマザー向けのイベントを地元で開催することを考えつきました。働いているママたちが子連れで集まって、おしゃべりをする会や育児休業から復職する人を対象にしたセミナーです。ある年の12月に初めてお会いしたのですが、直後に企画をはじめ、2つのイベントを翌年の2月、3月に実施してしまいました。その結果、地元で話の合うママ友を見つけることができたのです。

実は、これまでにAさんのような方にたくさん出会いました。二人目の育休中に定期検診で知り合った人を中心にワーキングマザーの会を作り、地元での集まりを継続的に開催しているBさん。さまざまな子育て支援系のセミナーに参加して人脈を広げ、自主開催でイベントを何度も実施して成功させたCさん。これらの人たちはセミナー開催を専門にしているのではなく、ごく普通の勤め人のママたちです。

このように、地域の子育て支援拠点で気の合う友だちが見つからない場合でも、自ら行動を起こしたり、そういう人が開催するイベントに参加したりすることで仲間を見つけることができます。自分でイベントを開くほどではない場合、そういったイベントが見つかりやすいのはインターネットです。最近では主催者がブログを書いていることが多いので、気になるブログの読者になってみたり、ツイッター、フェイスブックなどのSNSで地域情報をさがすと見つけることができます。

子育て支援センターでも、ワーキングマザー向けの企画を実施するところが少しずつ増えています。地元ではそういう催しがない、という場合には、「ワーキングマザー向けの企画の計画はありませんか？　あったらぜひ参加したいのですが」と問い合わせてみることも有効です。他の人からも要望があり、検討中かもしれないからです。育児休業制度、短時間勤務制度の充実により育児休業をとって仕事を続ける母親が増えていることは確かで、働く母親はもはや少数派ではありません。思い切って自分の周りの環境に働きかけてみることが大切です。育休中のそういった経験は、自分の世界を広げるきっかけになりますし、仕事にもきっと役に立つことでしょう。

復職にともなう環境の整備

住居に関して、もし可能であれば職場の近くに引っ越すことをお勧めします。現実的には、特に都市部ではオフィスの近くに適当な住宅地が見つけにくかったり、住居費が高くなったりして難しいかもしれません。それでも一度は可能性を考えてみてください。

通勤時間が短くなると実にさまざまな問題が解決します。子どもの具合が悪くなったときにすぐ帰れますし、災害時に交通機関が止まっても自力で帰れるでしょう。短時間勤務制度を利用する必要がなくなるかもしれませんし、有給休暇を一日使っていたものが半日で済んだりします。そして、子どもが小学校に入ってからも、職場と小学校が近いことになり、何かあったときにすぐ駆けつけられますし、平日の学校行事に参加してまた職場に戻ることも可能になります。

住む場所を考えるとき、保育園時代の子育てに適した地域と、小学生を育てるのに適した地域が一致しない場合もあります。その場合はとりあえずその時点で仕事と育児の両立生活をまわしていくのに最適な場所に住むのがよいでしょう。なぜなら、保育園時代が一番時間的に余裕がなく大変な時期だからです。最終的な落ち着き先を決めるのはもう少しいろいろなことが確定してからでもいい、という考え方が適していると思います。

保育園の決め方、選び方についてはここでは詳しく述べませんが、まず役所の担当窓口に行って最新の情報を得ることからはじめてください。そして、特に待機児童が多い地域の場合には、ここに入れなかった場合はここ、というように、二重、三重に預ける候補を選んで手を打っておくことです。復職する時期の最後の最後まであきらめずに可能性をあたっていきましょう。すべての手を尽くした上でも預け先が見つからなかった場合には、育休の延長を職場に相談しなければなりませんが、それは最終手段と考えておきましょう。

復職時の条件に疑問を感じたら

復職を目前にした人からよく受ける相談の一つが、復職前に想定していたのと異なる職種、異なる職場、異なる条件を言い渡されたというものです。

例えば、こんなケースがあります。

- 育休中の代替要員だった契約社員を会社が正規雇用したため戻るべきポストがなくなったので別の職種へ転換してほしいと言われた
- 産休前は課長だったのに降格を言い渡された
- 復職にあたり自宅から2時間半の職場を提示された
- 急きょ育児休業を切り上げて戻るように言われた
- 短時間勤務を希望したところパートタイム勤務への変更を提示された

少し前までは「育休切り」という言葉が盛んに聞かれましたが、最近ではなりをひそめました。その代わりにこうした違法かどうかわかりにくい「グレー」なケースが多くなったという印象です。こういったご相談に対しては、細かい条件を想像で補ったあいまいな回答を避け、専門家への相談をお勧めすることにしています。

この場合の専門家とは「労働局雇用環境・均等部（室）」です。雇用環境・均等部（室）は厚生労働省の組織で、

- 雇用の分野における男女の均等な機会および待遇の確保対策
- 職業生活と家庭生活の両立支援対策
- パートタイム労働対策

等の施策を推進する最前線として、各都道府県労働局内に置かれています。

雇用環境・均等部（室）の主な業務は次の通りです。

- 男女雇用機会均等法、育児・介護休業法、パートタイム労働法等の周知・徹底
- 法律に基づく事業主に対する指導
- 労働者、学生、事業主からの法律、助成金制度、トラブル等に関する相談受付
- 説明会、セミナー等の開催
- 労働者と事業主との間の紛争解決援助

ある県の労働局雇用環境・均等部（室）の相談員に、業務内容について全体的な傾向の話を聞いたことがあります。冒頭に示したようなケースで、事業主が意図的に育休者に厳しい

条件を提示している場合と、単なる無知（育休者に不利益な取扱いをしてはならないことを知らない）の場合とどちらも見られるようです。意図的な場合、労働者は理論武装し覚悟して対応する必要があります。一方、無知の場合は事業主と対立する必要もなく、１００％自分の立場が保証される可能性が高くなるようです。雇用環境・均等部（室）への相談はまず電話で受け付けています。「労働局雇用環境・均等部（室）」のウェブサイトに、全国の都道府県の雇用環境・均等部（室）の電話と住所が掲載されていますので、相談してみてください。最初は匿名でも相談を受け付けてくれます。もちろん無料です。（http://www.mhlw.go.jp/topics/2016/03/dl/tp0331-1a.pdf）

ただ、予期せぬタイミングで職場から電話がかかってきて意外なことを言われたときや、復職前面談で想定外の職場への異動を言い渡されたときの最初の対応は、自分自身でしなければなりません。そんなときのアドバイスを相談員に聞いたところ、次のような点を教えてくれました。

- サインしない
- 承諾しない
- あいまいな返事をしない

そして「今ここでは答えられません、少し考えさせてください」と回答を保留し、雇用環境・均等部（室）に相談してくださいとのことです。専門家の支援を上手に使って、自分の労働環境は自分で守るという決意で頑張りましょう。

Ⅱ．育児・介護休業法で定められていること

こちらでは各種支援制度の概要を表記しています。育児・介護休業法は例外規定が多いので、詳細は巻末でご確認ください。

① 1歳の誕生日前日まで使える制度

育児休業（育児・介護休業法5－9条）

◆概要

1歳未満の子を育てている男女社員が、事業主に申し出ることにより、子供の1歳の誕生日の前日まで、原則1回、連続した期間、育児のために休業することができるという制度です。

◆対象者

1歳未満の子を養育する次の男女社員

・正社員

・期間の定めのないパート社員

申出時点で次の要件を満たしている有期契約社員

①同一の事業主に引き続き1年以上雇用されている

②子の1歳の誕生日以降も引き続き雇用されることが見込まれること

③子の2歳の誕生日の前々日までに労働契約期間が満了しており、かつ契約が更新されないことがあきらかでないこと

◆回数の例外

母親の産後8週間以内に父親が育児休業を開始し、終了した場合等は2回目の育児休業を取得することができます。

◆期間の例外

①父親も母親も育児休業を取得した場合、子の1歳2ヵ月の前日まで期間が延長されます（パパ・ママ育休プラス）。
※60ページ参照。

②子の1歳誕生日（パパ・ママ育休プラスの場合は1歳2ヵ月）前日時点で、父親か母親が育児休業を取っている場合で、かつ次の事情がある場合は1歳6ヵ月まで可能です。

・認可保育所への入園を申し込んだのに、入れなかった場合

・1歳以降子を養育する予定だった配偶者が死亡、負傷、疾病等になって、子の養育ができなくなった場合

◇お問い合わせ先　都道府県労働局雇用環境・均等部（室）

補足・アドバイス

- 母親が育休中または専業主婦であっても、父親は取得することができます。
- 当初１歳までだった育児休業を１歳6ヵ月まで延長する場合は、認可保育所に申し込んだのに入れなかったという事実が必要になります。入れないからと初めからあきらめて申し込まないと、育児休業給付の支給を受けることもできませんので、ご注意ください。
- 事業主は休業中の人員の手配等があるので、１ヵ月前までには申し出てください。また、復帰時期を社員の都合で早める時は事業主の承認が必要です。
- 入社１年未満の社員は育児休業が取れない旨、労使協定が締結されている場合があります。
- 育児休業の開始日と終了日は、本人と事業主との間できちんと書面化してください。また、トラブルを避ける意味で、できれば復帰後の業務内容、給与、退職金等についても確認しておくことをお勧めします。

【ママからの質問】

育児休業から早めに復帰したのですが、先日子どもがケガを負って、長期入院することになってしまいました。どうしたらよいでしょう？

【社労士からの回答】

育児･介護休業法では、育児休業は原則として１回となっていますが、１歳の誕生日の前日までなら、子が病気やケガにより２週間以上にわたって世話を必要とする場合には、再度の育児休業が例外的に取れることになっています。

また、パパが育児休業をまだ取っていなければ、取れないかどうか夫婦で話し合ってみてはいかがでしょうか。

※法律以上の制度を定めている会社がありますので、利用する際は、自社の規程を確認してください。

パパ・ママ育休プラスとは?

育児休業は原則、子の1歳の誕生日の前日までですが、父親も母親も育児休業を取得する場合で、次の要件をすべて満たす場合は、1歳2ヵ月まで延長できます。

ただし、父親も母親も、育休期間は原則と同じ1年(母親の場合は出産日と産後休業期間を含む)です。

①1歳の誕生日の前日に取得しようとする本人の配偶者が育児休業をしている
②本人の育児休業開始予定日が、1歳の誕生日以前であること
③本人の育児休業開始予定日が、配偶者がしている育児休業の初日以降であること

解説と補足

- パパ・ママ育休プラスと、保育園に入園できないなどの理由による1歳6ヵ月までの延長制度は併用することができます。※下記参照。
- 父親または母親のどちらか後からとった方が1歳2ヵ月まで育児休業を取ることができます。

育児休業期間の整理

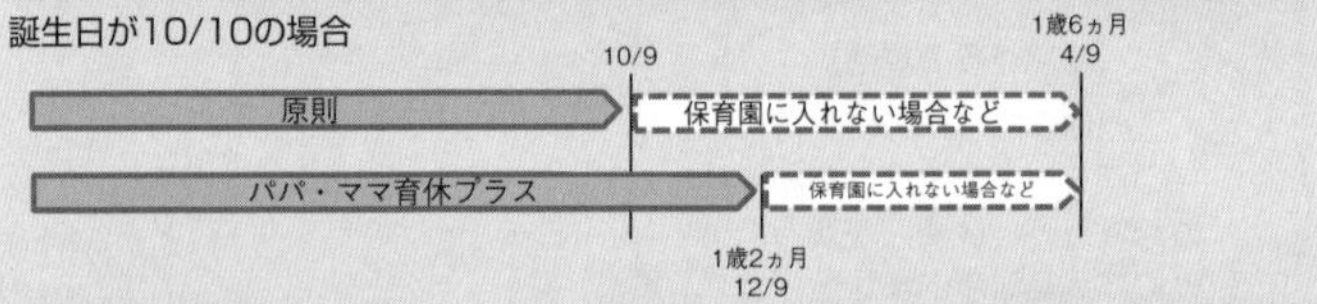

パパ・ママ育休プラスと1歳6ヵ月までの期間延長の併用例

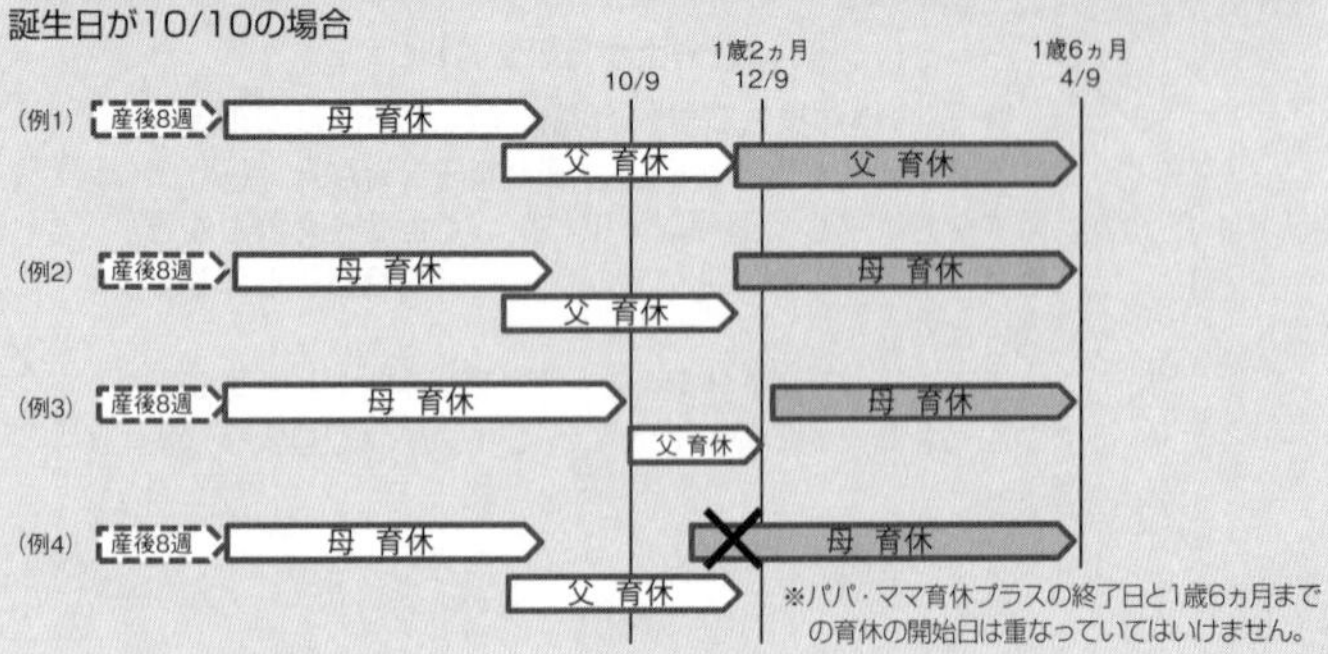

② 3歳の誕生日前日まで使える制度

育児短時間勤務（育児・介護休業法23条）

◆概要

3歳未満の子を育てている男女社員が、事業主に申し出ることにより所定労働時間を短縮することができる制度です。

1日7時間とする制度や、週や月の所定労働日数を減らす制度、個別に相談して決めるなどさまざまなケースがありますが、すべての会社で1日の所定労働時間を6時間にする措置が用意されていることが法律で定められています。

補足・アドバイス

●母親が育休中や短時間勤務制度利用中、または専業主婦であっても、父親は利用することができます。

●所定労働時間が短縮になった時間分を給与控除する場合が多いので、あらかじめ給与の減額や、残業した場合の残業代の計算方法等を確認しておくと、トラブルを防ぐことができます。

●業務の性質からしてどうしても困難な社員には、フレックスタイム制度や始業終業時間のスライド等の措置をとることになりますが、対象外になるケースは限られています。

●入社1年未満の社員は育児休業が取れない旨、労使協定が締結されている場合があります。

●裁量労働制や営業などでみなし労働を適用されている社員の場合、通常の社員と同様の時間管理にするか、もしくは今の適用のまま、業務量を減らしてもらうかになります。

◇お問い合わせ先　都道府県労働局雇用環境・均等部（室）

※法律以上の制度を定めている会社がありますので、利用する際は、自社の規程を確認してください。

所定外労働時間の免除（育児・介護休業法23条）

◆**概要**

3歳未満の子を育てている男女社員が、事業主に請求することにより所定労働時間を超える労働（残業）を免除される制度です。

例えば、始業時間が9時、終業時間が17時半（休憩時間1時間）の会社なら、所定労働時間は7時間30分となり、17時半以降の残業は免除になります。

※法定労働時間（8時間）を超える分を免除するという意味ではありません。

補足・アドバイス

- 母親が育休中や所定労働時間の免除等の制度利用中、または専業主婦であっても、父親は利用することができます。
- 入社1年未満の社員は育児休業が取れない旨、労使協定が締結されている場合があります。
- 裁量労働制や営業などでみなし労働を適用されている社員の場合、通常の社員と同様の時間管理にするか、もしくは今の適用のまま、業務量を減らしてもらうかになります。

【ママからの質問】

私が短時間勤務制度を利用して毎日保育園のお迎えに行き、夕食の準備から寝かしつけまでしているけれど、体力的にもう限界。仕事のやり残しも気になるし。せめて週1日でもよいからパパが替わりにやってくれると、助かるのに……

【社労士からの回答】

たまにはパパが替わってくれると、ママは心に余裕が持てますよね。例えば、「所定外労働の免除」は申し出た期間について残業を免除してもらうという制度ですが、そのままの運用だと今の日本の企業ではハードルが高いかもしれませんね。しかし週1日の利用が可能であれば、パパも利用することが現実的になるかもしれません。こうした運用が可能かどうかをパパから会社に相談してみてはいかがでしょうか？

子育てしながら女性が長く働き続けるには、息切れしないように、パパにも関わってほしいですよね。

◇お問い合わせ先　都道府県労働局雇用環境・均等部（室）

※法律以上の制度を定めている会社がありますので、利用する際は、自社の規程を確認してください。

③ 子どもが小学校就学前まで使える制度

時間外労働の制限（育児・介護休業法17条）

◆概要

小学校就学前の子を育てている男女社員が、事業主に申し出ることにより、時間外労働を月24時間以内、年150時間以内に制限することができる制度です。

※「所定外労働の制限」とは違い、始業時間が9時、終業時間が17時半（休憩時間１時間）で所定労働時間が7時間半の会社の場合、法定労働時間である8時間を超えた時間で考えます。

深夜業の制限（育児・介護休業法19条）

◆概要

小学校就学前の子を育てている男女社員が、事業主に請求することにより、深夜の勤務（22－5時）を免除される制度です。

補足・アドバイス

●突発的な非常事態、人員不足によるどうしてもの事情等による事業の正常な運営を妨げる場合は、事業主が承認しないこともあります。

●入社１年未満の社員は労使協定が締結されていなくても対象外です。

子の看護休暇（育児・介護休業法16条）

◆概要

小学校就学前の子を育てている男女社員が、子どものけが、病気、予防接種、健康診断のために利用できる休暇制度です。

未就学児１人につき１年に5労働日、2人以上は10労働日が看護休暇として利用可能です。

◆その他

当日の朝、電話連絡でも利用可能です。

補足・アドバイス

●利用日を有給にすることまでは法律で定められていません。

●共働きの夫婦で利用すれば、１人につき10日、2人以上なら20日が利用できますので、父親の取得をお勧めします。

◇お問い合わせ先　都道府県労働局雇用環境・均等部（室）

※法律以上の制度を定めている会社がありますので、利用する際は、自社の規程を確認してください。

育児関連制度の対象者一覧

育児関連制度は、対象者となる場合、法律で対象外となっている場合、労使協定があれば対象外となる場合とがありますので、以下に整理します。(①～⑤のいずれでもない労働者はすべての制度が利用可能です)

	育児短時間勤務	所定外労働の免除	時間外労働の制限	深夜業の制限	子の看護休暇
①日々雇用される労働者	×	×	×	×	×
②期間を定めて雇用される労働者	○	○	○	○	○
③雇用された期間が1年未満の労働者	△	△	×	×	6ヵ月未満と読み替える △
④週の所定労働日数が2日以下の労働者	△	△	×	×	△
備　　考	※1			※2	

○ 対象（請求すれば利用可）
× 法律で対象外
△ 労使協定があれば対象外
※1　1日の所定労働時間が6時間未満の場合は対象外
※2 ・深夜（22－5時）に保育できる16歳以上の同居家族がいる場合は対象外
・所定労働時間の全部が深夜にあたる場合は対象外

つまり、有期契約労働者でも、1年以上雇用されていれば、上記の全ての制度が利用できるということになります。

※所定労働日数が週2日以下の場合は除く

両立支援制度の整理

育児・介護休業法で規定されている各種制度の利用期間を整理すると次のようになります。

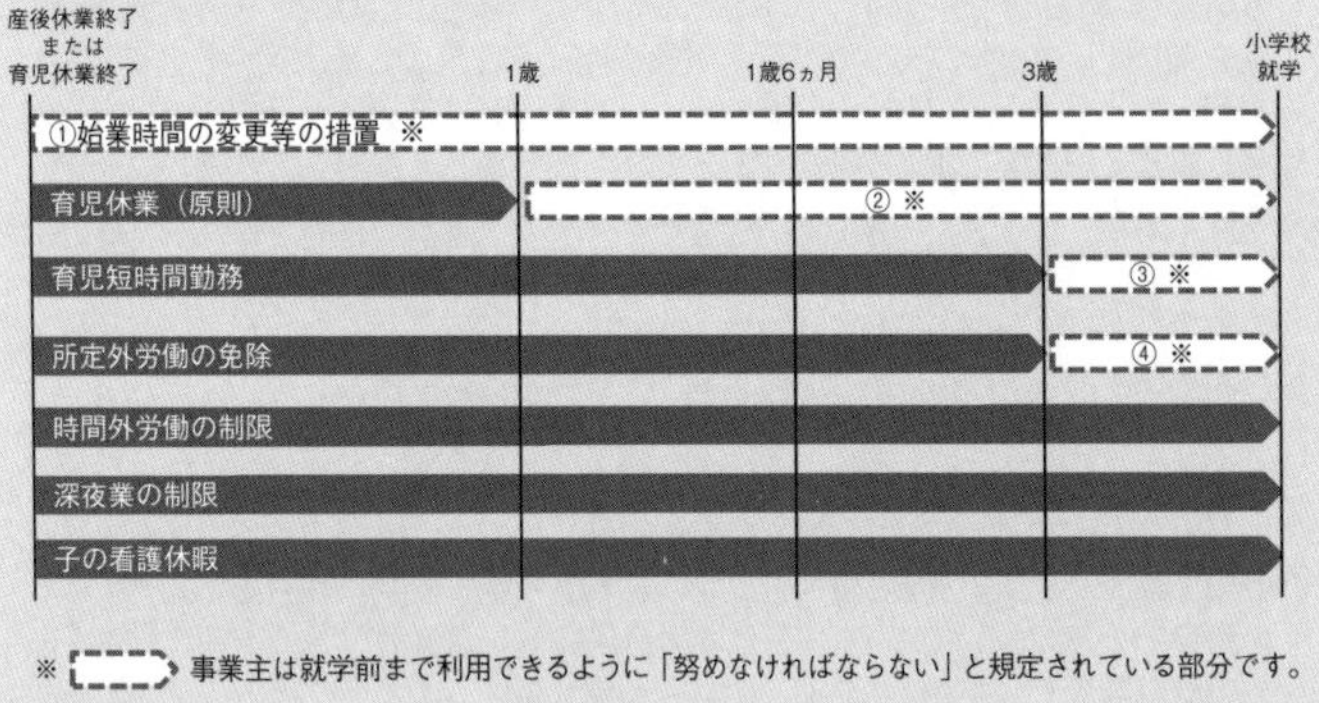

※ 事業主は就学前まで利用できるように「努めなければならない」と規定されている部分です。

◇お問い合わせ先　都道府県労働局雇用環境・均等部（室）

今後、契約社員でも育児休業が取りやすくなります！

育児休業は、制度の利用をすることで、退職することなく、長く働けるようにと作られた制度です。そのため、契約社員などのように、一定期間の雇用を前提とした働き方の場合には、雇用期間が短期なのか、実態として長期雇用とみなされる働き方になっていないかを判断する必要があります。

これまでも契約社員が育児休業を取得できるかどうかを一定の基準に当てはめて判断していましたが、この基準が2017年1月1日からはさらにシンプルになる予定です。つまり、以下の2要件をクリアしていれば、契約社員であっても、育児休業が取得できるということになります。

①雇用期間が1年以上であること

②子が1歳6ヵ月になるまでに、労働契約を終了することが明らかでないこと

簡単に言い換えますと、育児休業の申出の時点で、最初の雇用開始から1年以上経っていて、労働契約書に契約更新が「無」と明記されていたり、契約回数の上限が設定されていてその場合の契約の終期が1歳6ヵ月の誕生日の前日以前である場合を除いて、育児休業が取れるということです。

育休後の配属先について

育休後の職務内容については、育児・介護休業法では原職復帰を原則としています。原職復帰とは次の3つに該当するかどうかで判断します。①育休前と職制上の地位が下回っていないこと

②職務内容に変更がないこと

③勤務する事業所が同じであること

しかし実際は、育休中に組織体制が変わっていることなどから必ずしも原職に復帰できないこともあります。その場合には、育休前の職務が活かせる部署に配属となるように、事業主としては対応しなければなりません。

また例えば、配属先が育休前の事業所よりも通勤時間が長くなってしまうことにより、経済的にも精神的にも通常甘受すべき程度を著しく超えるような負担となるようならば、その配置転換に社員のキャリア形成上または業務上の必要性が認められない限り、不利益な取扱いとみなされる可能性があります。

育休後の配属先について釈然としない場合には、なぜその配属なのか、中長期的にはどのようになる予定なのか、また、過度な負担になっている事項があればそれを伝えて、配慮が得られないかを会社に相談してみましょう。

Ⅲ．出産・育児関連のお金のこと

出産前後は健康保険から、育休中は雇用保険からお金が支給されます。また育児をしていて収入が出産前より少なくなることがありますが、その場合の優遇措置がありますので、ご紹介します。手続きは、会社経由で行います。

①支給について

出産手当金

◆概要

産前産後休業期間の所得補償のため、出産後、加入する健康保険から出産手当金が支給されます。

◆支給金額は？

休業していて給与が支給されていなければ、１日あたりの給与（30/月収）の2/3。休業していても給与が支給されている場合は、上記の額よりも少ない場合は、差額が休んだ日数分支給されます。

例）月収24万円、産前産後休業日数が100日の場合
24万円÷30×2/3＝5333.33円→5,333円
※１円未満四捨五入
5,333円×100日＝533,300円……出産手当金の額

◆対象日は？

出産日（予定日後の出産の場合は出産予定日）以前42日（多胎妊娠の場合は98日）～出産日翌日から56日で、労務に服さなかった日

※出産が予定日より遅れた場合でも、遅れた日数分が支給されます。

◆その他

○請求書には病院で医師の証明をもらい、事業主経由で健康保険に請求することになります。

○１年以上健康保険に加入していて退職した場合は、次の要件を満たせば退職後でも支給されます。

・出産日または出産予定日前42日から産後56日（98日）の間に退職していて、退職日に出社していないこと。

◆お問い合わせ先

会社が加入する健康保険

出産育児一時金

◆概要

妊娠4ヵ月以降の出産（死産を含む）の場合、出産費用相当として1児につき42万円が加入する健康保険から支給されます。

※産科医療保障制度（分娩による重度脳性まひなどへの補償等）に加入していない医療機関での出産の場合は39万円になります。

※双子であれば84万円（78万円）が支給されます。

出産費用を医療機関に支払い、その後、健康保険に請求する方法と、42（39）万円を限度に、健康保険から医療機関に直接支払う方法（直接支払制度）があります。

※直接支払制度を利用できない医療機関もあります。

◆直接支払制度を利用する際は

出産費用が42（39）万円より低額だった場合は、後日健康保険に差額を請求します。42（39）万円よりかかった場合は、超えた額のみ医療機関に支払い、健康保険に対しては特に手続きをしません。

◆退職後の利用

健康保険に1年以上加入していて、退職後6ヵ月以内に出産した場合は、出産育児一時金が支給される可能性があります。医療機関に「資格喪失証明書」を提出する必要がありますので、事前に加入していた健康保険に確認をしてください。

退職後、配偶者の健康保険の扶養になっている場合は、配偶者の加入している健康保険の出産育児一時金が利用可能ですが、本人の加入していた健康保険から出産育児一時金が利用できる場合には、そちらが優先されます。

傷病手当金
切迫流産や妊娠中毒症等で入院し、会社を休んで給与の支払いがない場合等は、休業4日目から、1日あたり給与の2/3が支給される可能性がありますので、会社に相談してみてください。

◆お問い合わせ先

会社が加入する健康保険

雇用保険　育児休業給付金

◆概要

雇用保険に入っている場合、育休中の生活保障のために、雇用保険から2ヵ月に１回、2ヵ月分まとめて給付金が支払われます。

◆要件

次のいずれも満たす場合となります

・育休開始日前2年間に、給与支払い基礎日数が11日以上ある月が12ヵ月以上あること

（つまり雇用保険に加入して１年以上働いていれば、通常は支給されるということになります）

・休業中に就業していても、休業開始日から1ヵ月ごとに区切った期間内の就業時間が80時間以下であれば支給されます。

※ただし支払われた給与の額と給付金の額を併せて休業前の給与の8割超になる場合には、給付金が減額され、8割以上の給与が支払われる場合には、給付金は出ません。

◆支給金額は？

休業開始から180日までは	休業前の給与の	**67**%
180日を過ぎると		**50**%

㊟支給額には上限がありますので、給与が約426,000円以上の人はいくら多くても約285,000円（213,000円）です。

※毎年8月に改定されます

◆その他

○１歳までの育児休業の場合、誕生日の前々日の分まで支給されます。

○１歳2ヵ月までのパパ・ママ育休プラスの場合は1歳2ヵ月になる前々日まで支給されます。

○保育園に入園できず１歳6ヵ月まで延長する場合は、認可保育園の入園不承諾通知書等が必要です

◆お問い合わせ先

会社管轄のハローワーク

㊟わかりやすくするために専門用語とは違う表現をしています

補足・アドバイス

●パパとママの給与額が同じくらいの場合は、夫婦で半年ずつ休業するとお得です。

●休業中でも繁忙期に働いたり、在宅勤務をする、職場復帰に向けて徐々に働くことなどができます。

●育休開始から2〜3ヵ月分の給与額が確定しないと手続きができないため、１回目の支給まで3〜4ヵ月程度かかることがあります。出産育児一時金や出産手当金も、出産してから振込までに数ヵ月程度かかりますので、生活資金は十分計画を立ててください。

②社会保険の優遇措置について

健康保険と厚生年金（併せて社会保険と言います）に加入している人には、保険料や年金の計算上、以下のような優遇措置があります。

社会保険料の免除

◆概要

産前産後休業中と育児休業中は、健康保険料と厚生年金保険料が、会社負担分も個人負担分もかかりません。

※免除されるのは最長で3歳になるまでです。

◆お問い合わせ先

会社が加入する健康保険、会社管轄の年金事務所

標準報酬の改定

◆概要

健康保険料や厚生年金保険料は、給与の一定の範囲によって等級に分け、それに応じて決定されます。等級が下がると保険料が安くなるのですが、毎月変動しない賃金が下がることと、等級差が2等級ないとできません。しかし、育児休業を終了し、3歳未満の子を育てている場合は、手続きをすれば、等級を下げる通常の要件を満たしていなくても保険料が安くなるという措置です。

◆お問い合わせ先

会社が加入する健康保険、会社管轄の年金事務所

養育特例

◆概要

保険料を決める給与の等級が下がると、将来の年金額が減ってしまいますが、3歳未満の子を育てる社会保険の加入者による申出があれば、出産前と比べて等級が下がったとしても、下がらなかったものとして年金計算するという措置です。

◆留意事項

育児休業を取得していなくても、父親でも母親でも利用できます。

◆お問い合わせ先

会社管轄の年金事務所

4章

育休後の職場復帰
（子育て編）

毎日の生活リズムを整える

育児休業から職場復帰してしばらくの間は、仕事も家事も計画通り進まず、イライラすることになりがちです。特に、保育園のお迎えから帰宅後、食事、風呂、寝かしつけまでの間は、早くすませようとすればするほど、子どもの抵抗にあったりして、苦労します。

「寝たくないならもう少し遊ばせておこう、その間にあれをやってしまおう」と大人はつい考えがちですが、ちょっと待ってください。復職直後の子どもの世話で一番大切なのは、早寝早起きの習慣をつけることなのです。

あるとき、共働きの新米ママ・パパ向けのセミナーで、「添い寝・寝落ち覚悟！で早寝を習慣づける（大変な苦労だが期間は短い）」というのが大事ですよ、と紹介したことがありました。それを聞いていた保育園の園長先生に、「そのとおりです、早寝早起きで十分な睡眠をとることが保育園で楽しく生活するために一番大事です」とお墨付きをもらうことができました。

その先生によれば、子どもたちは朝保育園に着くとすぐにパワー全開で遊びはじめるそうです。そのときに寝不足な子は機嫌が悪く、周りの友だちと一緒に遊べなかったり、機嫌が悪いせいでけんかになったりして、うまく関係を築けないそうです。また、小学校へ上がる直前に早寝早起きを習慣づけようとしても遅すぎる、ともおっしゃっていました。

子どもがなかなか寝てくれないときや、夜泣きが続くときは、親自身の疲れや、他に家事や仕事があるのにできないというストレスもあり、かなり悩むものです。しかし、あとから振り返ってみると意外と短い期間で解消するものなので、そのうち終わると念じて乗り切っていきましょう。

子どもの病気への備え

子育てにおける職場復帰後の悩みで一番深刻なのは、子どもの病気で会社を休まなければならない、ということです。

このことは、経験者から体験を聞いたりして皆知っているにもかかわらず、対策をしていない人が意外に多いものです。自分かパートナーが休んですむ場合は、早目に判断して休むほうが迷っているよりははるかに楽ですが、いつもそれが可能であるとは限りません。

特に伝染病の場合、子どもが元気になっても保育園への登園許可が出ないことがあります。そういったときのために病児保育、ファミリーサポートサービスなど、自分の住んでいる地域で使えるサービスにあらかじめ登録しておきましょう。そのときになって急に使うことはできないので、育休中に備えておくことが大切です。

なお、両親にケアを頼む場合は、感染のリスクが常にあることを忘れないでください。保育園で流行った病気に祖父母が感染した、という事例を複数の人から聞きました。両親の体調にも配慮を忘れないようにしましょう。

子どもの病気で悩まない

私自身が今でも忘れられないのは、最初の育児休業から復職した直後に、子どもが肺炎であることがわかり入院したことです。1週間ぐらい熱が下がらない状態が続いており、何件目かの病院で見てもらったところ「肺炎です、すぐ入院してください」と言われ、総合病院に紹介状を書いてもらいました。

初めての入院でどうしよう、と戸惑いがありましたし、付き添いが必要でしたので1週間泊まり込まなければならず、不安だらけでした。しかし病気については、入った病棟に1歳前後の子どもが何人もいることに気づき、これはめずらしい病気ではないことと、入院させて点滴で治すのが効率のよい方法なのだということがわかり、少し気が楽になりました。

むしろ気がかりでならなかったのは仕事です。1年間の育児休業を取得してやっと職場に戻ってきたにもかかわらず、すぐに休んでしまったことがショックで、「これでは職場の人にあてにされなくなるだろう」「迷惑をかけてしまった」という自責の念でいっぱいでした。

そんな気持ちを、上司の「気にしなくていいよ」という一言が和らげてくれました。今から考えると、1年間職場にいなかった人が会社に出てきてまた1週間休んだとしても、仕事に与える影響はたかが知れていることがわかります。しかし、当時はそんな風に考える余裕はまったくありませんでした。

これから復職する人に知っておいてほしいのは、職場復帰の日に子どもの熱で出勤できなかったとか、復帰後すぐ入院したとかいう話はいくらでもあるということです。乳幼児期に数年間続く子どもの病気のオンパレードは、誰もが通ってきた道です。親が働いていようがいまいが、保育園だろうが幼稚園だろうが関係ありません。それを経験していくうちに、いつのまにか病気をしなくなります。親が気をつけていても避けられないことなので、自分を責めずに淡々と対応していきましょう。

子どもの様子がおかしいと気づいたとき、仕事を休もうかどうしようか、という考えが頭をよぎるかもしれません。そんなとき、大原則として「子ども優先」という基準を自分の中に確立しておくと気持ちが楽です。もしかしたらこのまま熱は下がるかもしれない、もうちょっと様子を見ようか？　と自分に都合のいいことを考えるひまがあったら、さっさと病院に連れて行く準備をし、同時に仕事の約束をキャンセルするとか、誰かに自分の代わりを頼む手配をはじめるべきです。

これは理屈ではなく私の経験則です。最初のうちは、異常に気づいても、「またよくなるかも」と思ったこともありましたが、まずよくなりませんでした。悪くなるかもしれないという予感を持ちながら保育園に預け、手当を先延ばしにしたら、後ですごく後悔をしますし、何より子どもの命にかかわります。パートナーとも子どもの体調優先という大原則を共有し、十分に支えあって乗り越えたいものです。

仕事や、他人との約束を子どもの病気でキャンセルしなければならないこと、これには最初抵抗があることと思います。子どもがいなかった頃の皆さんは、自分が立てた予定を自分でキャンセルしたことなど、まずなかったでしょう。それどころか、ドタキャンするような人を、迷惑な人だと怒った経験すらあるかもしれません。しかし、小さい子どもがいるということは、まさにドタキャンをする人になる、ということです。最初は認めがたいかもしれないけれど、どうか辛抱してください。そしていっそのこと、キャンセル&リスケジュールの達人になってみてはいかがでしょうか。将来、仕事の場面で突発的で予期せぬ事態が発生したときに、この貴重なスキルが重宝されること、請け合いです。もちろん、急に休んだ穴をいつも埋めてくれている同僚や上司、部下に対する感謝の気持ちを忘れないようにしましょう。

保育園は最高の子育てパートナー

保育園は、入所している親子について何から何まで「すべてお見通し」です。園には毎日いろんな物を持っていく必要があるため、誰でも一度は忘れ物をすることになりますが、その頻度で几帳面な親かそうでないかは、すぐにわかってしまいます。また、遊びの前後や昼寝の前後など1日に何度も着替えをしますので、子どもをお風呂にちゃんと入れているか、爪をこまめに切っているか、湿疹や傷を治療しているかなど、体のケアの状況も一目瞭然です。

これを読みちょっと心配に思った人もいるかもしれません。しかし、保育園はそういった親子のありのままを受け入れてくれますので、見栄を張ったり、きついときに無理をする必要はまったくありません。むしろ、保育園を平日昼間の子育てパートナーとして全面的に信頼することをお勧めします。家庭での子どもの状態についてできる限り情報を共有し、気になることは積極的に相談することを心がけてみましょう。

保育士さんとの情報共有には、送迎時の口頭での申し送りと連絡ノートを使います。連絡ノートには、体温、食事の内容、睡眠時間など園で決められたことを書くだけでなく、家での子どもの様子を書いておきます。

例えば、子どもが歩きそうな様子を家で見せたとき、それをノートに書いておくと園でもその瞬間を見ようと注意深く観察し、気づいたことを書いてくれたりお迎えのときに教えてくれたりします。

下の子の連絡ノートを読み返していたら、言葉について「『あーあ、○○ちゃった』がブームです」とノートで伝えたところ、保育士さんが「『あーあ』と言ってみたら『こわれちゃった』と返ってきましたよ」と書いてくれていました。こういったコメントを読むのを毎日楽しみにしていたことを思い出します。

しかし、保育園で先に子どもの「はじめて」を教えてもらったときはちょっと複雑でした。下の子のときに「おまるでおしっこができましたよ」とお迎えのとき保育士さんに言われ、慌ててトイレトレーニングをはじめたということもありました。

保育士さんは、たくさんの子どもを預かりながらも一人ひとりのことをちゃんと見てくれています。さらに、家庭でおきたことを共有すればするほど、子どもを見るポイントの精度を上げてもらえることを実感しました。

保育園との良好なパートナーシップにより、子育てに関する喜びは倍になり、悲しいことは半分になります。子どもたちが卒園した保育園の20周年記念イベントが昨年あり、青年になった息子が得意の和太鼓を披露することで恩返しをしました。長いおつきあいができる保育園と出会えたことに本当に感謝しています。皆さんもぜひ保育園との出会いと縁を大切にしてください。

災害への備え～保育園との連携～

１９９５年１月。阪神淡路大震災が起きたとき、私は生後２ヵ月の子を抱えていました。神奈川県内の自宅で、子どもと二人きりで一日中ほとんど外に出ない生活の中で起きた大惨事。テレビの向こうの燃える町の映像に驚くばかりでした。次第に明らかになる現地の状況を見るにつけ、こちら側にいるこの子と自分が無事でいることがただただありがたいことだと思いました。

それから16年後の３月11日。東日本大震災が起きたとき、高校生の息子は電車が止まって学校に足止めされ、会議室で一夜を明かすことになりました。もっとも事前に学校から緊急連絡網の携帯メールがあり、息子が先生や他の数十人の生徒とともに学校にいることが明らかだったため心配はありませんでした。

現実とは思えない被災地からの映像を見ながら、電車がことごとく止まった首都圏で保育園に子どもを預けて働いている人たちはどうしただろうか、保育園はどう対応したのだろうか、ということが非常に気になり、ツイッターを追いかけてみることにしました。

保護者からの報告：**「最初の地震発生の5分後に保育園へ着いたが、子供達はみんな防災頭巾をかぶり部屋の中央で先生の膝や背中につかまって座っていた。ゼロ歳児はすでに全員先生の背中におんぶされていた。緊急時の対応のよさに涙が出そうになった。」**

わが子が通っていた保育園でも、毎月避難訓練をしていました。毎月やる必要があるのだろうかと不思議でしたが、こういうときに備えるためだったのです。日頃の地道な取組みの大切さをあらためて認識しました。

その頃、帰宅難民になった保護者はどうしていたのでしょう。

保護者からの報告：**「昨日は新宿で自転車を買って、自宅まで44キロこいでなんとか帰宅しました。子供は保育園で無事に預けられており、夫も6時間かけて徒歩バス徒歩で帰ってきました。」**

一方、保育園では。

保育園からの報告：**「来た来た、最後のお迎え。お父さんお母さんもお疲れさまでした。道路が大渋滞していたそう。お子さんは天使のような寝顔でスヤスヤ。最後まで付き添ってくれた5人の保育士ありがとう。」**

保育園は保護者のお迎えが来るまでは園児を預かってくれる。その原則がどの園でも当たり前のように守られている事実が、はからずも実証できた1日でした。

いつ起こるかわからない災害に備えて、保育園との間で確認しておくべき点は次の2つです。

①緊急時の相互連絡手段

今回の震災では電話や携帯メールがつながりにくかったことがわかっています。園によってはこれを機会にツイッターのアカウントを作ったところがあるとも聞いています。

園から保護者への安否確認、保護者から園へのお迎え時刻の連絡方法を、複数の手段について確認しておきましょう。

②保護者以外のお迎えメンバーの登録

保育園では保護者以外の人が迎えにくる場合、あらかじめ登録した人しか許可しないシステムになっているところが多いことでしょう。

災害のことを考えると、可能なら保育園の比較的近くに住んでいる人をお迎えメンバーとして登録しておくと安心です。また、同じ保育園の保護者に、その家の子と一緒に連れ帰ってもらうことが可能なのか、メンバー登録していない人に急きょ子どもを引き渡してもらうことが可能なのか、そういったことも保育園との間で確認しておきましょう。

備えあれば憂いなし。いざというときの夫婦の連携、両親など家族との連絡体制などを今のうちに整えておくことをお勧めします。

夫婦のパートナーシップ

「イクメン」という言葉が世に出てしばらく経ちますが、育休中や育休後の人達と多数会って話を聞いた経験から、イクメンは単なるブームではない、と確信するに至りました。

先日、キャリア志向が強い営業職の女性と、ＩＴ系で時間外労働が多い職場に勤めているパートナーとお会いしました。妻が育休中に育児負担でかなり精神的に参っているのを見たパートナーは、時間外労働をしないで帰るという仕事スタイルを選択し、上司に伝えました。すると、その働き方を認めてはくれたものの、応援というよりは成果を出すことに対するプレッシャーを強く感じたそうです。

0歳のお嬢さんを育てながら定時間内で働くスタイルには満足しているが、自分のキャリアのことを考えると不安だという男性。その悩みは女性以上に大きいのではないでしょうか。自分の体を使って出産し、産後も授乳を続ける女性に比べて、男性が育児に積極的にかかわることへの周りの目はまだまだ厳しいものがあります。その中で自分の働き方を貫くことは勇気があり立派なものだと感心しました。

共働きの子育てというと、家事や育児をどのように分担するか、という表面的なことばかりが注目されます。しかしその前に、まず夫婦がそれぞれどのような人生観、仕事観を持っているかをお互いによく理解するところからはじめなければなりません。自分の仕事に対する考え方をパートナーが心の底では理解していない場合、いくら家事や育児を分担してほしいと言ってもやってくれない、言うたびにけんかになってしまう、という結果になるでしょう。

また、最初に述べた例のように、パートナーが仕事量を制限して毎日育児に取り組みながらも、内心自分のキャリアがどうなるのか不安を抱えているというケースが今後ますます増えていきます。この場合、妻がパートナーの不安を理解せずにふるまったらどうなるでしょうか。パートナーは、自分は多少我慢をして早く帰ってきているのだから君ももっと協力してほしい、と不満を募らせることでしょう。妻もまた、パートナーのキャリアに対する不安を理解する必要があるのです。いつかパートナーに仕事上でのチャンスが来たら今度は自分が応援しよう、というような覚悟も持つべきではないでしょうか。

お互いのキャリア観をよく理解した上で、実際の家事や育児の分担を話し合ってみましょう。これから復職する人は、自分、パートナー、子どもの行動計画を24時間のタイムスケジュールに落とし込んでみてください。「この時間帯にこれだけの家事は無理！」といったようなボトルネックが一目瞭然なので、とてもお勧めです。

共働きの子育ては、経済的な責任も、子どもを育てる喜びも、二人で分かち合ってこそ楽しく、喜びも大きくなります。子どもが一人前になるまでには、夫婦それぞれ仕事で超えなければならない壁があったり、病気になったりもするでしょう。その時々で上手に支え合いながら子どもの成長をともに見守っていきたいものです。

パートナーと互いの関係についてあらたまって話し合うことが難しい場合は、最近増えている自治体やNPOなどが主催の子育て夫婦向けイベントに一緒に参加することがよいきっかけになるかもしれません。パートナーさえ味方なら、家事が思うようにできなくても「まずは子どもと自分たちの健康を優先しよう」とか、「やっぱり自動洗濯乾燥機、買おうか」というように、お互いの理解、共感の下に助け合うことができます。さまざまな問題について落ち着いて前向きに取り組むためにも、夫婦の関係を良好に保つことは大切です。

自分自身を束縛していないか確認する

女性の場合、家事、育児をパートナーにもっと分担してほしい、という不満を持っている人でも、無意識のうちに「本来なら家事、育児は自分の仕事」「自分のほうが家事、育児のレベルが高いのでそれを標準とすべき」と思っていることが実は多いのではないでしょうか。パートナーの家事や育児のやり方に細かく口を出したり、子どもがパートナーになついたときに不安になったりしたことがある人は、そういった思い込みに縛られている可能性があります。

自分の両親の役割分担や、日本社会の中でこれまでに行われてきた男女の典型的な役割分担は私たちの考え方にも影響を与えており、それ自体を完全に取り除くことは不可能ですし、その必要もありません。ただ、自分の中にそういう考え方が残っていることを知っていることが大切です。知っていれば、その考え方を意識的に検証し、修正することが可能だからです。

パートナーの家事のやり方が気に入らなかったときには「なんでそれをそうやってしまうのか」と怒る代わりに、「あなたにやってもらったおかげで自分は違うことができた。次回はもう少し上手なやり方をあらかじめ教えてあげよう」と思うことができます。

また、パートナーに留守番を頼んで外出し帰ってきたときに「子どもが彼から離れないのは、私より彼のほうが好きになってしまったのだろうか。やはり一人で外出するのはやめようか」と不安になる代わりに、「ゆっくりリフレッシュできてよかった。彼と子どもとの関係がより親密になってくれて安心。これで私もまた子どもに優しくできる」とプラスに考えてみましょう。

パートナーが家事や育児をやろうとせず、話をしてもまったく態度を変えてくれないという場合、「これ以上言ってもムダだから自分で全部やろう、そのほうが楽だから」と決めて、いっさい手を貸してもらわないという人がよくいますが、そう決めた途端、自分で自分を追い込んでしまっているのではないでしょうか。世の中を見れば、抱っこひもをおなかにつけて子どもを抱っこしているパパがそこら中にいる今の時代。家では頑固でも、外の世界でいろいろな経験をしたり人の話を聞いたりして、内心では「自分もこのままではいけないのではないか」と思っているはずです。

「言うだけムダ」という言葉は封印し、決してあきらめず、少しの時間でも子どもを見ていてもらったり、手伝いを頼んだりしては、言葉に出して感謝するといった地道なアプローチで、こうしてほしいという自分の気持ちを伝え続けることが、結果的には相手を動かしていくのではないかと思います。

便利なサービス

私が産まれた頃、わが家では周りの家にさきがけて電気冷蔵庫を購入したそうです。それ以前の食料品の買物や保存の苦労は想像もつきませんが、冷蔵庫を買ったときには母は相当うれしかったのではないでしょうか。

現代の家電製品の進歩も、当時ほどではありませんが、かなりめざましいものがあります。最近では共働き家庭の三種の神器といえば、食洗機／全自動洗濯乾燥機／掃除ロボットだそうです。特に掃除ロボットは、留守の間に掃除をしておいてくれるというだけでなく、愛着を感じさせるような動き方で人気を集めているようです。家事の時間を節約するのには大変効果的です。

また、利用率が高いのが、生協などの宅配サービスです。買物をする時間の節約になると同時に、重いものを運ぶ必要がなくなり、とても便利です。さらに、当日時間指定で配達してくれるネットスーパーを組み合わせればほとんど通常の買物はしなくて済むことになります。

夕食の献立を立てるのが苦痛な人は、夕食材料の宅配サービスを利用してみてはいかがでしょうか。レシピと、それに必要な食材だけが配達されるので、ムダがありません。ある程度献立を覚えるまで、期間限定でサービスを使ってみて、その後は自分で献立を考えて作るということもできます。サービスを提供している会社がいくつかありますし、それぞれコースも複数用意されているので、興味がある人は調べてみましょう。

家事代行サービスも必要に応じて利用する価値があります。例えば二人目の出産直後、親やパートナーを頼れない場合に家事を依頼したり、定期的に室内の掃除を依頼したり、夕食作りを依頼したりといった使い方をしている人が多いです。他人に家に来てもらうことに抵抗があるという話をよく聞きますが、使っている人に聞くと、なんでもっと早く頼まなかったのか悔やまれるほど、助かっているそうです。いろいろな業者、サービスがありますので、試してみることをお勧めします。

親が近くにいなくても

共働き夫婦にとって、親の手を借りられるというのは大変心強いものです。子どもが病気のときに看病してもらったり、保育園にお迎えにいってもらったり。仕事が終わったら、親の家に直接帰り、そこで自分も子どもと一緒に夕ご飯を食べさせてもらって、自宅に帰ったらあとは寝るだけという生活が可能だなんてうらやましい限りです。

自分とパートナーの親は遠くに住んでいて助けてもらえない。親が近くに住んでいて、子どもの世話を丸投げしている人はずるいと思う、この気持ちをどう整理したらよいのか、と相談されたことがあります。それほど、両親が遠くに住んでいる人にとって、自分たち夫婦だけで子育てをする不安は大きいということでしょう。

しかし、両親と同居または近居して子どもの世話を頼っている人たちも、それなりのリスクを負っているのです。小さい子どもの世話は若い自分たちでも相当な気力と体力を使うわけで、高齢の両親にとってはかなりの負担を強いることです。また、急な病児対応を頼むことは、親の生活、例えば仕事や趣味、友だち付き合いなどの予定変更をともなうため相当に気を使うことでしょう。育児に対する世代間の考え方の違いがあっても、仕方なく親世代に譲ることもあるかもしれません。

また、高齢の両親が体調を崩したり、けがをすることもよくあります。そうなったらそれまで頼んでいた子どもの世話を頼めなくなるだけでなく、両親のケアもすることになります。そういったリスクをすべて理解し覚悟の上で両親の力を借りているわけであり、決して「いいとこどり」をしているわけではありません。感謝しつつも、両親に頼らずアウトソーシングしたほうが楽かもしれない、という思いが時折頭をよぎる人もいるかもしれません。

想像以上に大きい、親の負担

私の親は電車で3時間ぐらいかかる距離に住んでいます。子どもの伝染病のときや出張のとき、数日間泊まり込みで母に来てもらったことがありました。しかし、あるとき、今後は二度と頼まないと決断しました。ちょっとしたことから母の心身の負担が想像以上に大きいことに気づいたのです。これがもし近くに住んでいたり同居したりしている場合だと、これ以上頼らない、という判断が鈍り、あとで後悔することがあるかもしれません。

同居や近居の方は「親しき中にも礼儀あり」、遠距離の方は「遠くの親戚より近くの他人」。昔の人は本当にうまいこと言ったものですね。いずれにしても、子どもを見守る一つの家族として、長期間にわたり親とよい関係を続けていきたいものです。

ソーシャルメディアを使ってみよう

ソーシャルメディアとは、インターネット回線を前提とし、ユーザーが情報を発信し、形成していくメディアのことです。例えばブログ、ソーシャルブックマーク、SNS、動画共有サイト、フェイスブック、ツイッターなどが相当します。

ソーシャルメディアの特徴は、従来のメディアと比べてみるとよくわかります。従来のメディアはマスメディアと呼ばれ、新聞、雑誌、テレビ放送、ラジオ放送など、特定少数の発信者から一方的かつ不特定多数の受けてへ向けての情報伝達手段です。

私自身がユーザーとして使ったことのあるソーシャルメディアは、ブログ、ツイッター、フェイスブックです。これらの中で、育児と仕事を両立している方と一番多く交流できたメディアはツイッターでした。どんな風にして出会えたかというと、ハッシュタグを利用したのです。

ハッシュタグとは、#ではじまる任意の文字列のことです。ハッシュタグは、つぶやき（ツイート）を検索するときのキーワードのようなものです。例えば、ワーキングマザーに関連するツイート（つぶやき）用には #wmjp（working mother jp の略）というハッシュタグが使われています。

ツイッターの画面で、検索窓に #wmjp と入力すると、#wmjp を含んだツイート、つまりいろんなワーキングマザーがつぶやいた、リアルタイムのつぶやきをすべて見ることができるのです。#wmjp のつぶやきは、朝夕の通勤時間に数多く発生します。皆さん通勤途中の電車の中で携帯からつぶやいているのでしょう。

#wmjp 以外でおもしろいのは、#junew というタグです。これは「授乳」を表すハッシュタグです。

授乳している母親が「授乳なう」とつぶやくときなどに使います。このハッシュタグをウォッチしていれば日本のどこかで同じ時間に授乳している見知らぬママ同士のつながりを感じることができます。夜中の授乳で起きたときなど、友人との電話やメールのやりとりははばかられます。でもツイッターならどこかで起きている人同士で、ひっそりとコミュニケーションすることができるというわけです。

また、特定の月に出産した人の間で共有されているハッシュタグがあります。例えば、2012年7月に出産した人は #2012July_baby といった具合。月齢が同じ子どもの様子について情報交換ができることは、大きな心の支えになるに違いありません。

これら以外にも、#wlb_cafe, #ikuji, #kosodate, #hoikuen などなど、さまざまな種類のハッシュタグがあります。

ツイッターでは、自分の気に入ったアカウントをフォローすることと、興味ある話題のハッシュタグを利用することで、自分と気の合う人を見つけたり、自分がまさに必要としている情報を高精度で集めたりすることができます。

私がツイッターで知り合ったワーキングマザーの友人たちとのオフ会に初めて参加したのは２０１０年の１月でした。２０１２年に彼女たちと二回目のオフ会をし、互いの２年間の健闘を称え合ったところです。ツイッターはリアルな友人を作るのに適したソーシャルメディアと言えるでしょう。

自分はつぶやかなくても、人のつぶやきを眺めているだけでも、新しい出会いがあるかもしれません。興味がある人はぜひ試してみてください。

小一の壁

・小一の壁とは

「壁」と呼ばれる課題は、大きく分けて二つあります。
それは、子どもの問題と親の問題です。

・子どもの問題

保育園に通わせているときは、朝連れていって夕方迎えに行くまでの間、子どもは完全に保育士さんの管理下にありますので、安心です。

ところが、保育園を卒園したとたん、その安心感がなくなります。学校にいる間、学童保育にいる間は大人の管理下にありますが、登校時、下校時、学校から学童保育へ行くとき、子どもは一人で行動することになるのです。

子どもの問題の大部分は、身の安全に関することです。

- 朝、子どもを先に送り出すか一緒に出かけられるか（＝朝子どもが家に一人になり、最後に鍵をかけて家を出る、ということがないか）。
・夜、子どもより先に帰宅するか一緒に帰って来られるか。
・家から学校、学校から学童保育、学童保育から家までの道がそれぞれ安全か。
・春休み、夏休み、冬休みに学童保育またはそれに準じる預け先があるか。
・何かあったときに助けを呼んだり親と連絡をとったりする方法を子どもが理解しているか。
これらに関連して、各家庭の家と学校と学童保育との距離、治安、歩道の有無、通勤時間、勤務時間、学童保育の預かり時間などにより、解決すべきことが異なってきます。

学童保育の選択肢が複数有る場合には、それぞれの特徴を考えてどれかに決めなければなりません。

子どもに家の鍵を持たせるか、携帯電話を持たせるか、なども迷うところです。

子どもの問題の残りの部分は、子ども自身の気持ちの問題です。

親がよかれと思って万全の体制を組んだとしても、子どもが気に入らないということがあります。学校の先生やクラスメートとの相性、学童保育の指導員や他の子どもとの相性。保育園の時と異なり、子どもは成長しているため、その意思を無視することはできません。

もちろん、子どもの言いなりになる必要はないのですが、我慢させるにしても何らかの対策をするにしても、ケアしてくれる人に相談したり調整したりしなければならないので時間がかかります。子どもに納得してもらうためにも、時間をかけて話をする必要があります。納得してもらう、というプロセスはとても大事であり、親が働いているかどうかはまったく関係ありません。しかし、仕事を休みたくないばっかりに、この問題に真摯に向き合わず、深刻にとらえたくないという気持ちが態度に現れてしまうことがあります。早く簡単に解決しようとすると、問題を長期化させることにもなりかねませんので、じっくりと子どもの話を聞き、最善を尽くすことが大切です。

子どもは成長するに従い、親がまったく予期しない行動をするようになります。学童保育に行くはずなのに、友達の家へ遊びに行ってしまったり、鍵を持っていないのに家に帰ってきてしまったり。仕事中に電話がかかって来たり、帰ったらいるはずの場所にいなかったりするので、すごく慌ててしまいます。

問題が起きたときは、親子ともにいろんなことを学ぶよい機会ですので、叱るよりもよく話を聞いてあげて、よかった行動、よくなかった行動について話し合うことが大切です。迷惑や心配をかけた人がいたら、子どもと一緒にお礼とお詫びを一言言いましょう。

こういった子どもの自己主張、予期せぬ行動は実は問題ではなく、子どもの成長そのものではないでしょうか。子どもが何か新しいことを「しでかす」たびに、こんなに成長したんだ、と喜べるようになりたいものです。

・親が直面する問題

小学校では、親が出席すべき会合や行事がほとんど平日の昼間行われるため、仕事を休まなければならないことが問題です。

すべてに出る必要はありませんが、保育園と違って学校の様子は行ってみないとわからないことが多いので、特に一年生のうちはなるべく出たほうがよいでしょう。この調整が難しいことが第一です。

また、学校へ持っていく持ち物の用意が間に合わないことがあります。これは、「小一の壁」とはちょっと違いますが、実際に何度か夜中に買い物に走ったことがあるので、おまけとして挙げておきます。

予防方法としては、たいていの持ち物は学年だよりなどで前もって知らされているのでお手紙を見逃さないことです。手紙はランドセルの中にくちゃくちゃになって入っていることがあるので、時々のぞいてみましょう。

また、クラス懇談会の時に先生から連絡があることもあるので、やはりなるべく出席するようにすること。

この2点で持ち物の問題はほとんどが防げます。

なお、誰にでも当てはまるわけではありませんが、「小一の壁」を全体的に軽減するお勧めの対策があります。それは、パートナーか自分のどちらか、主として子どもの世話をする人の職場の近くに引っ越すことです。引越のメリットについては3章（52ページ参照）に述べたとおりで、職場と家が近いということは、職場と小学校も近いということ。仕事を抜け出して授業参観をしてすぐ戻るといったことが可能になります。条件が整いそうな方は早めのご検討をお勧めします。

・小一プロブレム

これは、小学校に入ったばかりの子どもが授業中に座っていられなかったり、人の話を聞けなかったりするなど、集団生活になじめず落ち着かないことです。幼稚園卒、保育園卒の区別はありません。万が一、子どものクラス、学校でこういった問題が起きたとしても、普通は半年ぐらいで落ち着いてくるのであまり心配はないと思います。ただし、自分の子どもの様子が落ち着かない場合は、先生の指導に従って家でも気を配る必要があるでしょう。

・小学生ママ

公園デビューという言葉の背景などを考えるとき、ママ友との付き合い方に悩んでいる人が多いことが感じ取れます。そういうママたちは小学校でもやはり居心地の悪さを感じるでしょう。私自身も小学校の参観日がちょっと憂鬱に感じることがありました。

そのとき、少し気の持ち方を変えたことで、不思議と学校へ行くのが苦にならなくなったので、そのコツをご紹介しましょう。

前提は、自分の子と同じ保育園、幼稚園から同じ小学校へ上がった子が少ないケースです。それから、小学校入学に合わせて引っ越したケースも当てはまります。こういった場合、同じ学年、同じクラスに知っている親がほとんどまたは一人もいないことになります。

こんなとき、何とか知っている人を見つけてはあいさつをし、必死で共通の話題を見つけて話さなければ、とか、たまたま近くにいる人に話しかけて友達になっておかなければ、一人でも多くの人と携帯のメールアドレスを交換しなければと思うと、そういうことが苦手な人は、学校へ行くこと自体が億劫になってしまいます。

しかし、学校へはできる限り顔を出しておかなければなりません。なぜかというと、保育園とは違い、学校では毎日連絡ノートの交換をするわけではないので、何が起きているかがまったくわからなくなってしまうからです。子どもは学校で起きたことを話しませんし、よく話す子でも自分に都合の悪いことは言いません。また、ほとんどの子は学校からの大事な手紙を家で出し忘れます。そういうわけですから、参観日や保護者会にはなるべく出席するほうがよいのです。

そこで、こんな風に考えました。

- 学校へ行く目的は学校と子どもの様子を知ることである。
- おしゃべりの輪に無理に入らなくてもいい。入れなくても気にしない。
- 自分は相手を知らなくても、子どもの友だちの親が話しかけてくることがあるので、話しかけやすい、オープンなたたずまいでいること（忙しい仕事の合間に来たとしても、忙しさを表に出さない）。
- 廊下や教室の展示物を他の子のも含めてよく見ること（一人でも自然な感じで待ち時間がつぶせるし、子どもたちの学力レベルや先生の指導がいきとどいているかなど多くのことがわかる）。
- 参観または保護者会の後、担任の先生に個別にあいさつし、気になることは聞いておく。
- 保護者会で一人ひとり話す順番が来たときは、きちんと自己紹介する。自分の子どものことで何か気づいたことがあったらいつでも言ってください、と伝える。
- 他の人の自己紹介を聞いて、子どもの友だちの親と気づいたら、声をかけてあいさつをしておく（今後、子どもの様子を教えてもらいやすくなる）。

小学生になると子どもの交友関係が親には見えなくなるため、クラスの誰が子どもとかかわりがあるかわからない、という前提でふるまう必要があります。一緒に遊んでいる子の親から声をかけてもらえれば、子どもを取り巻く状況がよく見えることになるので、少なくとも「話しかけにくい親」にはならないほうがよいでしょう。

また、参観だけして帰るのではなく、保護者会にも出ましょう。いつも保護者会に出る親は決まってくるので、担任や常連の親に自然に顔と名前を覚えてもらえます。あの人は忙しそうだけれど保護者会には必ず来ている、と思ってもらえれば、子どもに関する耳の痛い話も聞かせてもらえるかもしれませんし、クラスで問題が起きたときに、「こんなことご存知でしたか？」と声をかけてもらえるかもしれません。

気になるPTA役員についてですが、6年間で一度は引き受けなければならないものなので、可能ならば一年生のときに引き受けることをお勧めします。

PTA役員をすると学校に行く機会が増え、学校に対して「アウェイ感」がなくなります。また役員同士仕事を通じて自然と親しくなりますし、他の親とも役割を通じて話ができるので、親しくなるきっかけができます。

子どもがよりよく育つためには、家族だけではなく学校や地域など、子どもを取り巻く環境を良好に保つことが必要です。働いていても、「ママ友」がいなくても、可能な範囲で努力することが大切だと思います。

・PTA役員

上の子の小学校入学前の説明会で、6年間のうち一度は必ずPTAの役員をお願いします、という説明がありました。

考えた末、小一でやってしまおう、という気になりました。

同じ保育園から上がる子は数人しかいないため、親も子も学校に知り合いが少ない状況でした。PTAの役員をやることで、友だちもできるし、学校に行く機会も増えて、事情がよくわかるのではないか、と思ったからです。

最初のクラス懇談会では、立候補者だけですんなりと役員が決まりました。

次は、各クラスから選出された委員が全校で集まり、その中で、委員長、副委員長、書記の、いわゆる三役を決めなければなりません。この会議で、さすがに、フルタイム勤務で三役はきついと思ったため、手を上げて質問してみました。

「フルタイムで仕事をしているのですが、三役の候補からはずしていただけませんか」

話し合いは前年度の役員が進行していて、答えは、「働いていることを理由に三役を逃れることはできません」でした。三役免除を認められるのは、きょうだいが通っている中学校のPTAで役員をやっている人など、全員がOKと認めるケースだけでした。

今どきの小学生の母親は、パート、アルバイト、下の子の幼稚園の送り迎えなど、それぞれかなり忙しく、どの人もスケジュールをやりくりしながらPTA活動をしています。フルタイムの人のほうが、有給休暇や半日単位の休暇があるし下の子は保育園に預けていることが多いため、かえってPTA活動がしやすいのではと思うほどでした。

そういう事情ですから、全部の会合に出席できる人はほとんどいません。お互い、欠席に対して意外に寛容です。私の場合、欠席が多くなりそうだったので、議事録などの資料を作成したり、保護者の集まりの司会を引き受けたりすることで、貢献することにしました。

上の子が高学年のとき、二度目の役員を引き受けることになりました。夏休みに、他の役員さんと地域の見回りをしていたとき、同じ学年の隣のクラスが学級崩壊を起こしかけていることを、初めて聞きました。わが子は話してくれなかったので、まさに役員をしていなければ知ることができなかったことです。

昨今、子どもを取り巻く環境が悪化している中、親は学校や地域の状況を常に把握しておく必要があります。そういう意味で、井戸端会議に参加するチャンスの少ないワーキングマザーにとって、PTAの役員になることで得られる人間関係が、よい情報入手チャネルとなることがわかりました。

活動をしていて問題だと思ったのは、任期が1年であるため、長期的な問題が発生しても、自分の任期中に解決しなくてもよければ先送りしてしまう傾向があることです。

例えば、携帯電話のメールによる連絡手段を導入したらどうか、という提案について、保護者から強い要望があったものの、学校側が難色を示していており、説得する手間を避けた形で、2年連続先送りになっていました（当時）。

また、お互い忙しいので、できる範囲で活動しましょう、という合意事項が、効率向上のために生かされるのはよいのですが、一歩間違えると、過度な活動縮退の方向へ走ってしまうことがあります。本来の各委員会の存在意義を毎年確認しながら、年度計画を立てるようにすると、そういった弊害を防げるのかもしれません。

このように自分にとってPTA活動は学校の様子を知るためにとても役立ち、先生や保護者の知り合いを増やすきっかけにもなりました。こうしたことから、ぜひ小一から積極的に役員になることをお勧めします。

学童保育について

厚生労働省では、毎年10月に、放課後児童クラブ（学童保育）の現況を発表しています（図10）。

図10　クラブ数、登録児童数、実施市町村数及び実施小学校区数の状況

区分	平成26年	平成25年	増減
クラブ数	22,084か所	21,482か所	602か所
登録児童数	936,452人	889,205人	47,247人
実施市町村数 （割合） [全市町村数]	1,598市町村 （91.8%） [1,741市町村]	1,595市町村 （91.6%） [1,742市町村]	3市町村 （0.2ポイント） [▲1市町村]
実施小学校区数 （割合） [全小学校区数]	16,651小学校区 （81.8%） [20,357小学校区]	16,760小学校区 （81.3%） [20,621小学校区]	▲109小学校区 （0.5ポイント） [▲264小学校区]

注1：実施市町村割合は、各年の全市町村数に対する割合、実施小学校区割合は、各年の全小学校区数に対する割合である。
注2：全小学校区数は、文部科学省が実施する学校基本調査における公立の小学校の総数（ただし、分校及び0学級の小学校は除く）である。

（参考）過去5年間のクラブ数、登録児童数、実施市町村数の推移

区分	平成25年	平成24年	平成23年	平成22年	平成21年
クラブ数（か所）	21,482	21,085	20,561	19,946	18,479
増減	397	524	615	1,467	896
登録児童数（人）	889,205	851,949	833,038	814,439	807,857
増減	37,256	18,911	18,599	6,582	12,935
実施市町村数 （割合） [全市町村数]	1,595 （91.6%） [1,742]	1,591 （91.3%） [1,742]	1,574 （90.7%） [1,735]	1,580 （90.3%） [1,750]	1,608 （89.3%） [1,800]

※平成23年の数値は、東日本大震災の影響で調査を実施できなかった岩手県、福島県の12市町村を除いて集計している。

資料出所：厚生労働省「平成26年放課後児童健全育成事業（放課後児童クラブ）の実施状況」

学童保育の数が右肩上がりで増えているのは喜ばしいことですが、小学生の放課後の過ごし方は、保育園時代とは比べものにならないくらい多様化していて、子どもが安心して過ごす環境を得ることは難しくなっています。そもそも、保育園と異なり、学童保育は自治体によって事情が大きく異なります。学校の敷地や教室の一部が使える自治体があるかと思えば、それがまったく許されない自治体があったりします。民間のアパートやマンションの一室を使っている学童保育の場合、家賃が高

いため保育料が非常に高く、それでいて子どもの数が多くて窮屈だったり。また、保育の質は指導員の質によって大きく左右されてしまいます。指導員の待遇は必ずしもよくないため、よい人材を集めるのに苦労します。

注意しなければならないことは、子どもが放課後に自分で学校から学童保育まで移動する、という点です。学童保育が学校の敷地内にあれば心配は少ないのですが、そうでない場合、移動中の治安の心配があります。また、子どもが学童保育に慣れなかったり好きでなかったりする場合、学童保育に行かないで家に帰ってしまったり、どこかへ遊びに行ってしまったりすることもあります。前にも述べたように、小学生は、時にまったく想像もしないような行動を取ることがあるのです。

こう書くと、小一の壁をいたずらに強調しているかのように思われるかもしれませんが、そういうわけではありません。自分の子どもにあった保育体制を熟慮の上編み出して、毎日を安心して過ごしている人もたくさんいると思います。ただ、朝に預ければ帰りに迎えに行くまで安全な保育園時代とは異なるのだ、ということを肝に銘じ、住んでいる場所で取り得る選択肢を調べて自分の子どもに最適な方法を選ぶ、という作業をきちんと行う必要があります。そのために、地方自治体や国に必要な施策について訴えていくことが重要になってくるかもしれません。今ちょうど保育園に子どもを預けて働きたい人が急増している、ということは、6年以内に学童保育に預けたい人が急増することになります。この統計では待機児童の数は減っているということですが、この数字だけを見ていても問題の解決にはなりません。放課後に児童が安全に過ごせる手段を、親のニーズに合わせて選択できるかどうかが大切です。

新しい動向として、鉄道会社が駅ビルに保育園と学童保育を併設している例があります。また、学習塾の会社が、小学生専門の長時間預かり型学習塾事業展開することを発表しています。

すでに沿線に多数の店舗を展開している私鉄グループの民間学童に加えてこれらの取組みが成功すれば、他の業界からも学童保育に参入する企業が増えて保育内容が多様化するとともに、全体として保育定員が増えることになります。料金は高くても高機能の学童保育を希望する家庭がそちらを利用することにより、従来型の学童保育の定員にはゆとりができることになります。また、老人介護施設に学童保育が併設されていたり、病院の職員向けの保育園が小学生も保育対象にしていたりするケースも増えています。親が安心して働けて、子どもが安心して親を待つことができる場所は今後とも多様化していくことでしょう。自分の住む地域の動向を継続的に情報収集していくことをお勧めします。

課題の分離

最近日本でも取り上げられることが増えた「アドラー心理学」では、課題の分離が重要であると言われます。例えば、勉強をする、という課題があったときに、それは誰の課題なのかを考えます。それが、子どもの課題であったならば、親はそれに関しては踏み込まない、という判断をするのです。

子どもが勉強をしない、子どもが親の望むような進路を選んでくれない。こういった問題で悩むことは、本来、親の課題ではありません。もちろん、子どもを導くことは親の課題なのかもしれませんが、最終的に行動するのは子どもです。

アドラー心理学は、子育てについて多くの示唆に富む考え方を提示してくれています。子どもの課題に首を突っ込んで悩むよりは、自分の課題に集中するほうが結果的にはうまくいくこともあるように感じます。働きながら子育てをすることは、自分が集中すべき課題が明確になっている分だけ、子どもに過干渉にならずに済むのかもしれません。

子どもの成長過程で、自然に親離れ、子離れしていくような関係が築けたら理想ですね。そういった親子が生涯にわたりよい関係を続けていけるのでは、と信じています。

5章

育休後の職場復帰（仕事編）

職場復帰後の悩み

職場復帰後の悩みといっても、復帰直後と数年経った後とでは大きく異なります。復帰すぐの人からよく聞かれる悩みをご紹介しましょう。

一番多いのは、仕事の時間が減ったことで達成感が得られるほどの成果を出せなくなったり、周りの人へ負担をかけることへの申し訳なさを感じたりするというものです。

ここで育休前と育休後とで1日の時間の使い方を比べてみましょう。会社の仕事の時間は減っても、家事や育児といった「アンペイドワーク」（無賃金の仕事）の時間を入れると、1日の仕事時間は相当に増えていることがわかります。

「アンペイドワーク」は無給ですが、誰かがしなければならない立派な仕事です。しかし、一人が1日にできる仕事の量には限りがありますから、会社での仕事の量を増やしたければ、アンペイドワークを減らすしかありません。

パートナーや親などの家族と相談してアンペイドワークをシェアしてもらい自分の担当部分を減らすか、アウトソーシングするかいずれかでしょう。

ただ、そんな風に割り切って考えることは実際には難しいものです。授乳を続けている場合はそれを他の人に代わってもらうことはできませんし、子どもと過ごす時間は自分でも幸せを感じることができる貴重なひとときですから、長時間保育やベビーシッターの利用に抵抗があるのも理解できます。

仕事の時間を減らすこと（短時間勤務制度の利用など）による成果の低下や、周りへの影響を少しでも減らすにはどうしたらよいか？　それには時間あたりの生産性を上げる工夫をすることです。そのためのキーワードは、例えば「会議」「メール」「見える化」「マニュアル化」などです。仕事の種類にもよりますが、まず自分の仕事を客観的に見て、長時間かけている作業を重点的に効率化してみましょう。このあたりのノウハウは、一般的なビジネススキルとして世の中にたくさん出回っていますので、本を読んだりネットで調べたりして研究してみてください。

参考サイト：

シゴタノ

http://cyblog.jp/modules/weblogs/

参考書籍：

小室淑恵『6時に帰るチーム術』（日本能率協会マネジメントセンター）

平野友朗『誰も教えてくれなかったビジネスメールの書き方・送り方』（あさ出版）

坂口孝則『モチベーションで仕事はできない』（ベストセラーズ）

また、同僚への気配りが「すみません」ばかりでは、自分が悪いかのように思えてしまいます。むしろ「ありがとう」という感謝の気持ちを言葉で表現しましょう。また、職場では口角を上げ、笑顔を心がけることです。大変そうだけど元気にやっているな、職場の一員としての責任感から逃げていないな、ということを理解してもらえますし、何より自分が元気になります。

下の子が0歳か1歳の頃のこと。会社に遅れそうでばたばたしている朝、鏡を見たらあまりにもひどい表情をしていてびっくりしたことがあります。こんな顔を見たら、誰だって話しかけたくなくなるだろう、というほどでした。それ以来、鏡の中の自分の顔を見たら無理矢理にでも笑顔を作ってみることにしました。その一瞬だけでも気持ちに余裕ができることがわかり、今でも実践しています。ぜひ試してみてください。

復職時の面談で伝えるべきこと

育児休業から復職するとき、本人は復職前数ヵ月の間、どうやって育児と仕事を一日のうちに納めようかと考え続けています。何時に預けると会社に何時に着くのか？　何時の電車に乗れば保育園のお迎えに間に合うのか？　その時点で果たして無事離席できるのか？　などなど。

ところが、迎える側の職場の上司はそんなことはほとんど何も考えていません（○週間後に職場復帰します、というメールを休業者が出しても全然返事を返さず、あとから「忘れてた」という上司もいるくらいですから）。復職者にとっては、勤務時間が予定の範囲内に納まることが必須で、それでもなお、仕事への熱意を失っていないということを、この面談で上司にきちんとわかってもらう必要があります。

伝えたいことをもれなく伝えるために、「職場復帰面談シート」（図11）を使います。このシートを埋める目的は、上司に復職する時点での就業環境、就業条件を一通り把握してもらうためです。ただし、こんなに制限があります、という言い方ではなく、こういう条件の中でベストを尽くすために、工夫したり調整したりしてやっていきたいのでご理解ください、という伝え方をすることです。

次に上司から、育児休業中の部署内の出来事、業績、組織や人の異動、業務プロセスや規則の変更点を説明してもらいます。

その上で、復職後の仕事の内容の説明を受け、両者でそれについて具体的にどうしたらで

図 11　職場復帰面談シート

	項目	回答
1	面談日（年、月、日）	
2	勤務開始予定日（開始済みの場合は「済」）	
3	育児短時間勤務利用の有無	
4	短時間勤務「有」の場合、利用する理由	
5	短時間勤務「有」の場合、利用を終了する時期	
6	子が１歳未満の場合、育児時間利用の有無	
7	短時間勤務「無」の場合、時間外労働除外申請の有無	
8	勤務時間	
9	保育園名	
10	保育時間	
11	保育園の送り迎えの体制	
12	家族の協力状況	
13	通勤時間	
14	繁忙時に時間外労働が可能か	
15	時間外「可能」の場合、調整に必要な日数	
16	休業中の職場環境の変化などで知りたいこと	
17	仕事の内容、役割分担などへの要望事項	
18	仕事を再開するにあたっての意気込み	
19	育児休業中に学習や資格取得した場合はその内容	
20	本人、子の健康状態など	
21	その他、職場に知らせておきたいこと	

きるかを話し合います。例えば、定例ミーティングの時間が短時間勤務で不在の時間帯に重ならないか。自分の出勤前、退勤後に作業が発生する分担になっていないか。子どもの病気などで急に休むときにバックアップしてくれる人が決まっているか。これならいけそうだ、という気持ちになれるまで、じっくりと話し合ってください。

長時間働けない自分を責めない

育児休業が終わったら元の職場に戻ることがわかっていて、しかもその職場では皆が当たり前のように残業している、という方はたくさんいると思います。毎日4時間残業する人たちの中で、自分は子どもの病気でたびたび休むことが続くとしたら……周りの迷惑を考えると、自分の働き方について不甲斐なく感じ、自分を責めてしまうかもしれません。

しかし本当のところ、職場の人は以前と同じだけの成果を復職直後の人に期待しているでしょうか。自分では「迷惑をかけている」という気持ちが強いので、要求されているレベルを高く感じすぎているのかもしれません。復職直後に子どもが病気をするのは避けられないことです。ただどうしよう、とやみくもに心配するくらいなら、自分の環境で利用可能な有料サービスや家族からサポートを受けることを検討し、子どもが病気のときのバックアップ体制を整えましょう。「できるだけの対策はしている」という納得感があれば、いざ、子どもが病気になったときにも冷静な対応ができますし、必要以上に負い目を感じずに済みます。

時間外労働が多い仕事としてよく相談を受けるのは、ＩＴ系のシステム部門、経営企画、営業、マスコミ、メディア関係の職種です。本来専門性が高くやりがいがある仕事ですが、時間制限のある働き方をしながら担当するには無理があるという理由で、他の仕事に変わろうか悩む人もいます。しかし、復職直後の時期に、仕事を変えるという決断をすることはあまりお勧めしません。仕事の環境や内容が変わるということは、そこに適応するのにものすごくエネルギーがかかります。適応するために本来は重要な意味を持つランチや飲ミニケーション、おしゃべりなども子どもが小さいと参加したくてもできないものです。その結果信頼関係を構築するタイミングを逸してしまうことになり、いつまでもぎくしゃくした人間関係の中で仕事をするはめになる可能性もあります。

低空飛行のすすめ

出産前に活躍した職場で、思うように働けない無念さとしっかり向き合いながら、低空飛行でもいいから一日一日を確実に積み重ねてみてはいかがでしょうか。慣れ親しんだ職場なら、自分が長時間労働できなくても、自分が持っているノウハウを周りの人とシェアすることで、組織全体として滞りなく仕事が進むようにサポートすることができます。

低空飛行というと、抑圧されたイメージが強いからか、将来の目標もなくただ収入だけのために漫然と働くほかないのか、という不安に陥る人もいます。しかし、よく考えてみてください。自分の将来の目標というものは、誰かが決めてくれるものなのでしょうか。会社の中でのポジションといったような自分ではコントロールできない目標ではなく、自分として5年後はこんなレベルまでできるようになりたい、こんな働き方をしてみたい、という目標を考えてみてください。ただし、それは職場復帰してすぐでなくてもいいです。しばらくは前述したように一日一日を着実に歩いていくことに集中していきましょう。

短時間勤務制度を使った働き方や、時間外労働をしない通常勤務の働き方が、時間外労働が多い職場でも認められるようになるのが理想的です。そのためには、自分が持っている知識、経験をフル稼働してチームのために生かすという気持ちを常に持つことが大事です。

例えば、誰かが苦戦している仕事に関して、自分も過去に似たような経験をしていた場合。「今は私の担当ではないからその人が気づくまで黙っていよう、自分で気づければその人のためにもなるし」という風に考える人もいるでしょう。一方、過去のファイルを探し、書類のひな形一つでも見つかれば、「私はこんなひな形を使っていたけどお役に立ちますか」と声をかけてあげることもできます。それをきっかけに、あなたの経験がその人が困っていた他の問題をも解決できることがわかるかもしれません。こういった助け合いがチーム全体としての時間の節約、成果の向上につながります。短い時間しか働いていなくても、自分が役に立てることをすべて周りの人に提供するという気持ちで仕事をしていれば、自然とチームにとってかけがえのない存在になれるのです。

チームにとって役に立つ存在になりさえすれば、働き方について文句をいう人は少なくなり、理解者が増えてきます。そして笑顔。毎日笑顔で職場に存在することを心がけましょう。これから出産する後輩の女性社員が、私もきっとここに戻ってきて働こう、と思ってくれたら、それだけでもあなたはチームにとって、そして会社にとって非常に大きな貢献をしていることになるのです。

営業で復職する二つの利点

出産を機に、本人の意思や職場の配慮で仕事の内容が変わることはめずらしくありません。私自身はソフトウェアの開発部署にいましたが、産前休暇に入る前にそれまで担当していたプログラムの開発を別の人に引継ぎ、より負荷の少ないプログラムの開発が割り当てられました。残念に思う反面、少しほっとしたものでした。

また、営業職で活躍していた女性が、出産後は内勤に変わるというのもよくある話です。しかし、最近出会ったママたちの中には、営業の方が子育てと両立しやすい、という人が何人かいました。理由を聞いてみたところ、働きやすさのポイントは二つあるようです。

一つは、決まった時間に会社に行かなくてもよい、という点です。家から直接お客さんを訪問したり、お客さんのところから直接家に帰ったりすることが認められており、その間の時間の使い方も自分の裁量で決められるというのです。商談の結果を報告するなど自宅での作業が発生するかもしれませんが、裁量の度合いが大きいことは気持ちの上で楽だと思いました。

もう一つは、仕事の成果が誰の目にも明らかであるという点です。営業成績さえきちんと上げていれば、働いている時間や場所についてとやかく言われることはないし、評価が下がるということもありません。復職したばかりの人は、職場の同僚に迷惑をかけていないだろうかと必要以上に心配してしまいがちですが、営業職の場合は結果が数字で出てくるのであいまいさがなく、負担感が少ないのでしょう。

ただ、よい点ばかりではありません。部下のいる人は営業成績を上げるだけでなく、部下からの報告を聞いて意思決定したり、何かあったら相談にのったりする必要があります。これは、内容によっては顔を合わせて行わなければなりません。

ある先輩ママは「相談があるならあたしんちに来て！」と言って、平日の夜に部下を自分の家に上げて三人の子どもの世話をしながら話を聞いてくれたそうです。その先輩ママの中には、仕事に対する責任と子育てに対する責任が渾然一体とした形で存在しているのだな、とその話を聞いて感じました。ワーク・ライフ・バランスというと、とかくワークとライフを時間で分けて切り替えるやり方が紹介されますが、常に両者が同居している形もあってよいのです。

育休後も営業を続けている人たちに共通するのは、ある程度の裁量が認められていて何かあっても自分の判断で解決できる人だということです。出産前に営業で成果を上げ職場からも信頼されている人なら、育休後も柔軟な働き方を認めてもらった上で営業を続けるほうが会社にとってもベストです。営業だから無理と思い込まずに、どのような働き方なら可能なのか考えてみる価値はあります。そして、営業職以外の皆さんも、自分のやりたい仕事を続けるにはどんな働き方がよいのか、思い込みを捨てて、もう一度よく考えてみましょう。

希望に反して仕事が変わったとき

育休明けに異動を言い渡され、それが必ずしも自分の希望と合わなかったりもともと目指していた仕事とは別の、これまで積み上げてきた経験が活かせない職場だったというケースはよく耳にします。

自分の希望で異動するのではなく、会社の都合で行われるこういった異動にはいくつかのパターンがあります。

(1)　育休中に組織改編が行われ、その影響で異動が発生した。

(2)　育休中に別の人員（社内の別の部署からの異動、または派遣社員などにより）が補充され、その人をそのまま使い続けることにしたため、復職してきた人の仕事がなくなってしまった。

(3)　育児をしながらでは難しい仕事であるとの判断の下、より「両立しやすい」職場への異動を「本人のためを思って」実施した。

(1)のケースは不本意かもしれませんが、周りの社員も同じ境遇なので、残念な気持ちはあっても、いつまでも引きずることは少ないでしょう。しかし、(2)のケースは、会社での自分の存在価値はいったい何なのだろう、これまでの貢献はまったく評価されないのだろうか、という不信感を感じますし、二人目の出産を考えることがこわくなってしまうかもしれません。(3)は相談もなく勝手に自分のキャリアを変えられてしまったという被害意識を持ちますが、よかれと思ってされていることだけに、あきらめざるを得ないという無力感を感じることになります。(2)、(3)ともに、今後この会社で働き続けた先に何があるのだろうか、という部分がまったく見えない状況になってしまうのではないでしょうか。

(2)、(3)は会社のやり方としては望ましくないことですが、先進的な取組みをしている一部を除き、多くの会社でいまだに行われているのが現状です。それを直ちに改善することは難しいので、自分としてどう対応するかを考えなければならないのです。

ここで、自分のキャリアは今どのへんまで来ているのだろう?ということを考えるヒントをご紹介します。

大久保幸夫著『日本型キャリアデザインの方法』(日本経団連出版)では、キャリアの考え方として「筏下り《いかだ》」と「山登り」の二つを提示しています。就職して10年~20年は、「筏下り」の時期です。激流を下りながら特にゴールを決めず、流れにもまれていきます。その時期は、短期的な目標をクリアしながら、人や仕事との出会いを歓迎し、対人関係、対自己関係、問題解決などの基礎力を身につけ、自分の糧としていきます。

個人差はありますが入社10年から20年経ち、自分はこれを専門にやっていきたい、という分野が決まったら、そこからは山登りに転じることになります。山登りの時期には、全エネルギーをその山を登ることに集中し、山登りのためになること以外には手を出しません。

自分がまだ筏下りの途中だな、と思える人は、新しい仕事もまた大事な経験になりますので、気分を切り替えて挑戦してみましょう。その過程でこれまで気づかなかった自分の能力に気づいたり、過去にやってきた仕事を客観的に見ることができるようになったりします。以前担当していた仕事と新しい仕事という2つの軸が自分の中にできることで、視野が広がり、認識が変わり、自分の価値観にもよい影響を及ぼすかもしれません。

すでに山登りをはじめていた、という人は、もう一度その山でよいのか、と自分に問うてみて、やはりその山であると確認できたら、新しい仕事が山登りの目的を達成する過程で関係が深いのかそうでないのかを考え、どうしても遠回りにしか見えないということなら、異動を申し出てもよいと思います。または、会社を変わるという意味での転職という選択肢もあるでしょう。

あるいは、育児が落ち着くまでの間は山登りを休み、同じ高さの平面を少し遠くまで歩き回ってみよう、と決めるのも悪くない選択です。いろいろな人の話を聞き、総合的に考えて自分なりの考えを持つことが大切です。

どんな選択をしたとしても言えることは、会社に入ってから担当したすべての仕事、出会ったすべての人、育児の経験、これらが総合的に将来の自分自身、自分のキャリアを作っていくこと、その過程で何一つ無駄になるものはないのだ、ということです。これを忘れずに、あせらずに筏下り、または山登りに精を出してください。

短時間勤務制度の落とし穴

育児休業から職場復帰するときには当然、短時間勤務制度を利用するものだ、と思っている人が多く、実際に職場復帰セミナーで「時短を取ろうと思っている人?」と聞くと、半分以上の人が手を挙げます。

確かに、保育園への送り迎えや家事にかかる時間を考えたときに、勤務時間を1時間、あるいは2時間少なくすることができれば、それは大きなメリットということができるでしょう。

しかし、短時間勤務制度を使うことによって本人が遭遇する次のような問題点が明らかになってきています。

- 勤務時間が減っても仕事量が変わらない
- 帰ると決めた時間に帰れない
- 責任のある仕事、やりがいのある仕事をさせてもらえない
- 社内外の研修・教育機会が与えられない
- 仕事内容・量に対して評価が低い
- 昇進・昇格が遅れる
- キャリアアップの道が見えなくなる
- 職場の上司・同僚の理解が得られない

短時間勤務制度を利用すると、こういった不満を自分が感じる可能性がある、ということをあらかじめ知っておく必要があります。

前記の問題点は、企業の人材マネジメントのシステムそのものの課題から来ていることが多いのです。仕事の成果に対する評価や、企業の中でのキャリアパスに対しては、もともと不満の声が存在していたり、不備があったりすることが多かったのですが、短時間勤務制度という新しい概念が入ってきてそれが明らかになってしまったというわけです。

それでは、企業の人材マネジメントが改革されるのを待っている他ないのでしょうか。残念ながら改革には何年もかかるため、今の状況がすぐに改善される可能性は非常に低いで

す。自衛手段として、自分ができることは自分で行い、身のまわりの人には理解を求めて働きかけていくしかありません。

まず一つ大事なことは、短時間勤務制度を利用することの自分と自分の家族にとってのメリット・デメリットを明確にすることです。

数字その他で正確に把握した上で、制度を利用するかどうかを決断します。

そして使うことが決まったら、何年間（子どもが何歳になるまで）その制度を利用し、いつのタイミングで通常勤務に戻るかの計画を立てて会社や周囲にも宣言することが大切です。

基本的には次の6項目について、短時間勤務制度を使った場合と使わなかった場合の比較をしてみましょう。

1. 仕事の配分
2. 賃金（給与、賞与）
3. 人事評価
4. 昇給・昇格
5. 将来のキャリアアップへの影響
6. 退職金の算定

これらについて、短時間勤務制度の利用がどのように影響するのかあいまいなままにしておくと、あとで非常にびっくりしたり不安になったりしがちです。制度利用時に上司または人事の担当者によく確認することをお勧めします。

びっくりした、というよりむしろ不満を打ち明けられた典型的な例として、業績評価が下がってがっかりした、というものがあります。その人は半年毎の評価で出産前はいつもAだったのに、職場復帰後はCをつけられたそうです。上司に理由を聞いたところ「部署の中で評価は相対評価でつけているので誰かに必ずCをつけなければならない。短時間勤務者がいればその人にCでがまんしてもらって、長時間働いている人にAやBをつけてやりたい」と言われたそうです。

この上司の考え方は、本来の短時間勤務制度の評価に関する考え方とは異なり、間違っていると言ってもよいでしょう。この企業では直ちに人事が各管理職に対して、短時間勤務制度の利用者への正しい評価方法を教えるべきです。しかし、それが実際に行われるまでには何年かかかってしまいます。それを待ってはいられません。自分から効率よく働いて成果を出していることをアピールしたり、可能ならば短時間勤務を切り上げたりすることで、自分でも状況を改善することができます。

ここで一つ問題です。短時間勤務で毎日16時に帰宅をしているのに、17時までの社内研修に出なければいけないとき、あなたならどうしますか。

1．短時間勤務だから、という理由で出席しない。
2．その日は都合をつけて最後まで出席する。
3．出席するが、あらかじめ主催者に申し出ておき、時間になったら退席する。

また、研修の時間設定に対して主催者に対してアクションをとるでしょうか。

1．特に何もしない。
2．次回から考慮してほしい、と個人的に主催者に言う。
3．上司や人事、ダイバーシティ担当プロジェクトなどに問題提起する。

自分だったらどんな風に行動するか、よく考えてみましょう。ある会社では、職場の管理職の勝手な判断で、短時間勤務者は全員一律に社内研修の受講対象外にされていたそうです。そのことを人事は長い間知らなかったとか。あってはならないことですが、現実には起こり得る問題であることを知っておいてください。そして、短時間勤務者が不利にならないよう、社内の関連部署に対して声を上げることを続けていきましょう。

短時間勤務から通常勤務に戻すには

短時間勤務をやめて通常勤務に戻そうかどうしようか迷っている人からの相談を受けることがあります。迷うということは、通常勤務が可能な状態にある、ということですがなぜ迷うのか理由を聞くと、次のような内容です。

(1)　ほとんどの人が時間外労働する職場なので、通常勤務にして時間外労働しない、というのは肩身がせまく感じる
(2)　短時間勤務でも一日の生活にまったく余裕がない。通常勤務に戻すと子どもにしわ寄せがいくのでは

(1)のケースは、気持ちはわかりますが、時間外労働しない働き方を、勇気を持って自分のスタイルとして確立していきましょう。何か居心地の悪さ、難しさを感じるなら、その原因を追求して一つひとつつぶしていくしかありません。

時間外労働が当たり前になっている職場はたくさんありますが、本来はそちらのほうが異例なのです。残業代を払っている会社は、本当にその時間外労働が必要かどうか吟味しているか疑わしい部分があります。無駄な出費を野放しにしているのではないか、とすら感じます。また、万が一残業代が払われていない、サービス残業が常態化しているのなら、それはそれで大問題です。

(2)は、本当に子どもに影響がある場合は慎重にする必要がありますが、何となくそんな気がするだけの場合は、自分の気持ちの問題かもしれません。短縮している時間を段階的に少なくして0に近づけてみるというのも手です（今2時間短縮しているのなら、まず1時間にしてみて、次に0時間に挑戦するなど）。家族の協力や家事の省力化によって負担を少なくする余地があるなら、積極的にすべきです。(1)と同じで、不安をつきつめていくと何か根本的な原因が見つかるのではないでしょうか。例えば、自分の親に何か言われたことがある、などです。そういった原因と折り合いをつけながら、迷いを払拭していきましょう。

乱暴な言い方かもしれませんが、短時間勤務制度は、それを使わないと仕事が続けられない人のための制度であって、せっかくあるのだから積極的に限度いっぱい使ってみよう、という種類のものではありません。雇用する側も、制度をめいっぱい使って生活を充実させ、仕事は最低限でよい、という社員を量産することをまったく望んでいません。

いずれにしても子どもが一定の年令（会社によってさまざまですが法定では3歳）に達したら使えなくなる制度ですので、使っている人はその時点で何らかの対策をとらなければならなくなります。そこへ向けて準備が必要で、悩んだり、迷ったりする余地はありません。

今すぐにでも通常勤務に戻せる環境にある人は、タイムリミットのギリギリまで使おうと思わず、なるべく早く戻すことを検討してみましょう。また、これから復職する人は、通常勤務で戻れないか検討してみましょう。（0歳で復職する人は保育時間1時間が1歳になるまでとれます）。やっぱり短時間勤務をしたい、という人は、いつまで利用するか、あるいはどんな条件が成立したら通常勤務に戻すか、迷う余地のない基準を自分で決めておきましょう。そうでなくても迷ったり悩んだりすることがいくらでもある育休後です。一つでも迷いの元を断っておくことをお勧めします。

資生堂ショック

「資生堂ショック」とは、資生堂が、短時間勤務制度を利用している美容部員に対して、夜のシフトや土日の勤務をするように2014年度から運用を変えたことを受け、マスコミが名付けたキーワードです。

なぜこれがショックと名付けられたかというと、もともと短時間勤務制度を使う人は遅くまで働けないからその制度を使っているのに、遅番とか土日勤務をするようにという方針転換は制度の主旨と逆行しており、制度利用者にとって衝撃が大きい、という理由だと考えられます。

そこをなぜ敢えて不規則な時間の勤務もするように方向転換したかというと、二つ理由があります。一つは、短時間勤務制度利用社員が増えたために、それ以外の社員だけですべての時間帯をカバーすることが難しくなったということ。もう一つは、夜のシフトや土日の勤務はお客さんの数が多く、そこで販売経験を積むことがキャリア形成上不可欠であるということです。そういった理由から、会社はとても丁寧なプロセスを経て社員の事情を聞き、可能な社員についてはシフト勤務に入ることを求めたのです。

「資生堂ショック」が私たちにつきつけている本質的な問題がもう一つあります。

それは、子どもを持つことによって女性だけが働く時間を減らさざるを得ない現状です。早く帰ることによる後ろめたさを感じているのはほとんど女性。父親となった男性はそれを感じることを避けるために、そして出世に響くことを恐れて、長時間労働をやめようとしないのです。

妻に短時間勤務させておいて自分の働き方を変えようとしない夫。

子育て期の男性を早く帰さない会社。

早く帰らない夫に何も言わず自分が我慢することで解決しようとする妻。

「資生堂ショック」は、こんな状態がいつまでも続く日本の社会への異議申立てだったのです。

社会を変えるためには、一人ひとりがおかしいことはおかしい、と声をあげていく必要があります。子どもたちの世代にまでこの問題を継承しないためにも、あきらめずに行動し続けていきたいものです。

妊娠中、育児中の社員に対する問題となる対応

妊娠または出産したこと、産前産後または育児休業の申出をしたことまたは取得したこと、これらに関連する諸制度の利用等を理由とする事業主による解雇、その他の不利益な取扱いをすることは法律で禁止されています。【男女雇用機会均等法（第9条）、育児・介護休業法（第10条）】

具体的には、「解雇、その他不利益な取扱い」として、以下のように指針に例示されています（巻末資料P.38参照）。

①解雇
②期間を定めて雇用される者について、契約の更新をしないこと
③あらかじめ契約の更新回数の上限が示されている場合に、当該回数を引き下げること
④退職の強要や正社員からパートタイム労働者等への労働契約の変更の強要を行うこと
⑤自宅待機を命じること
⑥労働者が希望する期間を超えて、その意に反して所定外労働の制限、時間外労働の制限、深夜業の制限又は所定労働時間の短縮等を適用すること
⑦降格させること
⑧減給をし、または賞与等において不利益な算定を行うこと
⑨昇進・昇格の人事評価において不利益な評価を行うこと
⑩不利益な配置の変更を行うこと
⑪就業環境を害すること

補足

不利益な取扱いになるか否かは、指針によると、配置の変更の必要性、配置の変更前後の賃金その他の労働条件、通勤事情、労働者の将来に及ぼす影響等、諸々の事情について総合的に比較考慮した上で、判断すべきものと示されています。

例えば、通常の異動のルールからは十分に説明できない職務または就業場所の変更を行うことにより、育児関連制度を利用する社員が、かなり経済的または精神的に不利益を被るようなことは、禁止されるということになります。

トラブルを防ぐために会社が気をつけること

大切なのは「コミュニケーション」

妊娠中または育児をしながら働く女性は、時間や働き方に制約を持つ場合が少なくありません。

そのため、会社側としては、業務に支障がないように対応する際は、次のことに注意しましょう。

- 仕事の内容や責任を従来より軽くしたり、労働条件の変更等を行う場合は、よく話し合う必要があります。
- 会社からの一方的な命令を行い、社員にとってそれしか選択せざるを得ない状況を作ることは問題です。
  例）・夜勤ができないので、雇用形態を正社員からパートへと変更する
  　　・休みがちなので、時給制に変更する
  　　・残業ができないという理由で、まったく違う部署への異動を命じる
- 育休中の期間は賞与の算定に含めなくても問題ありませんが、査定期間中に就労していた期間があるにもかかわらず、賞与を不支給にすることはできません。
- 短時間勤務を利用しているというだけで、他の社員よりも評価を下げることは、不利益な取扱いに該当すると同時に、社員自身のモチベーションを下げてしまいますので、注意が必要です。

トラブルを防ぐために社員自身が気をつけること

大切なのは「周囲への配慮と意思表示」

働きやすい環境を作るのは、社員自身でもあります。会社は制度を用意し、申出にしたがって利用を承認することになりますが、ちょっとした配慮を欠くことで、両者の信頼関係が崩れてしまうことがあります。

妊娠、出産、育児を経ても気持ちよく働ける環境を作っていくために、次のことも気に留めてみてください。

●会社によっては、妊娠中の通院や看護休暇などが有給であったり、半日単位で利用できたり、育児休業期間が2年だったりと、法律以上に対応しているケースが多々あります。
まずは、自社の制度をきちんと把握して、利用しましょう。
また、育児休業や短時間勤務など労働時間の変更をともなうような制度の利用は、いきなり申し出るのではなく、職場のことを考えて、あらかじめ上司や人事に相談してみるとよいでしょう。

●育児休業制度は、育児をしていても雇用関係を中断することなく働き続けられることを趣旨としていますので、育児休業の申出をする場合には、復帰する意思が必要です。
※復帰するつもりでいても、休業中に状況や気持ちがかわった場合には、制度を利用する後輩のためにも、誠意をもって伝えましょう。

●「出産して育児休業に入っているけれど、戻ってくるとあてにしていいのか」「いつ復帰するのかわからない」といった声を会社側から聞くことがたびたびあります。産前産後休業の開始日、育児休業の開始日、終了日等は口頭ではなく、必ず書面等で伝えましょう。

●休業前に、給与、健康保険・雇用保険からの支給金、会社の立替金などを確認しておきましょう。
手続きに必要な書類や、用意するタイミングなども確認し、手続き担当者との連携を図りましょう。

●会社によっては、忙しくて、育休中の社員との連絡がほとんどないこともあります。休業中の社員の方から、まめに会社や上司に近況報告をしたり、復帰日前に、会社に足を運んで、復帰後の働き方について相談することも場合によっては必要でしょう。

困ってしまったときの相談先

会社、社員
どちらでも利用 OK

○各都道府県の労働局に雇用環境・均等部（室）があり、男女雇用機会均等法、育児・介護休業法、パートタイム労働法に基づいて、会社と社員がトラブルになったときに、間に立って助言・指導や調停を行っています。
また、トラブルが生じて困っているときや、法律上の疑問点の確認、妊娠・出産・育児に関連する労働条件の相談等も電話にて受けています。

○この他、各都道府県の労政事務所でも、相談を受けています。
※労働相談情報センター、労働センターという名称の場合もあります。

6章

会社による育休後社員のサポートのあり方

育休後社員の増加

この章では、育休後社員をサポートする会社側の受入れ体制のあり方を見てみましょう。自分の職場のチェックにも活用してください。

数年前より育児休業取得者（以下、育休取得者）第一号が出始めた会社がとても多くなってきました。２００９年に改正された改正育児・介護休業法では、３歳未満の子を養育する労働者について、短時間勤務制度（1日6時間）を設けることを事業主の義務とし、労働者から請求があったときの所定外労働の免除を制度化しています。１００人以下の労働者を雇用する事業主については、２０１２年7月1日から適用されています。

こういった背景により大企業では10年以上前から定着してきたこの制度が、中小企業にもようやく浸透してきたこと、景気の先行きが不透明な時代に労働者が雇用を手放したくないことが主な原因と思われます。

ところが、そういった社員から困っているという相談を受けます。多くは、会社側から元の職場に戻れず通えないぐらい遠い職場への異動を命じられたとか、短時間勤務を申請したらパートにならないかと言われたとか、元の職場に戻ったが非常に居心地が悪いといったものです。短時間勤務で働く社員を会社側が歓迎していないことから、こういった遠回しな措置が取られるのです。

育休後社員が活躍するには

1年前後休業し、戻ってきても子どもの病気などで休みが多い、時間外労働もできませんという社員。これまでの職場では、社員はなるべく休まず長時間働くのが当たり前で、それを前提に仕事の割り振りや評価が行われてきました。そのため、育児休業をとったり短時間勤務を利用したりする社員は管理しにくいことはわかります。しかし、平均出産年齢が30歳であることから計算するとこの女性たちは10年近くの経験、スキルを持った貴重な人材です。これから企業の中核として働いてもらうべき社員なのです。

人はどんなときに能力を最大限に発揮するか考えてみてください。期待され支えられていると感じたときに、感謝の気持ちとともに意欲が湧き、頑張れるものではないでしょうか。期待され、頼りにされ、慣れ親しんだ仕事で自分の力を発揮できるとなれば、育児中で時間の制約がある社員も精一杯働こうという気になります。そのためのスムーズな対応について事例を交えながら見ていきましょう。

なお、育休後社員も含めた子育て社員への対応の具体的な方法については、拙書『子育て社員を活かすコミュニケーション【イクボスへのヒント集】』（労働調査会）を参考にしてください。

1　妊娠の報告から産前休暇開始まで

・報告を早くもらう

育児休業は、一般的には半年ぐらい前から休業時期がわかるので、職場でも対策がとりやすいと言われています。しかし、それは社員が妊娠したらすぐ会社に報告することを前提にした場合です。育休取得者がいることを人事がぎりぎりまで知らされず、直前になって手続きや仕事の引継ぎを慌ただしく行っている社もあるようです。人事が育休取得者とその時期を早めに知るためにはどうしたらよいでしょうか。

法律では事業主に対して妊婦のための措置が各種義務づけられています。早く報告すれば、安定期前の大切な時期からこういった制度を利用することができ、安心して妊娠期間を過ごせるはずです。

しかし、職場に先例がない場合は特にこういった制度の存在は、人事担当者も含め社員に知られていません。妊娠初期から使える制度があると知っていればもっと早く報告したのにという声が聞こえてきそうです。

育休取得者がこれから増えそうな職場では、直ちに妊娠、出産、産育休に関する制度の周知を徹底することが必要です。方法としては新入社員や中途入社の社員に制度を説明、社内のイントラネットのホームページなどに掲載、管理職に周知、妊娠出産育児休業ガイドブックといった冊子を作り全社員に配布、などが考えられます。

・妊婦のための制度

法律で定められた妊婦のための規定を具体的に見てみましょう。

男女雇用機会均等法では事業主に対して、①**妊産婦のための保健指導または健康診査を受けるための時間の確保、②妊産婦が医師等からの指導事項を守ることができるようにするための措置（通勤緩和、休憩時間の延長・増加、作業の制限、休業等の措置など）**を義務づけています（**41ページ参照**）。

一方、労働基準法では、①**産前・産後休業②妊婦の軽易業務転換、③妊産婦等の危険有害業務の就業制限、④妊産婦に対する変形労働時間制の適用制限、⑤妊産婦の時間外労働、休**

日労働、深夜業の制限、などを義務づけています（**41ページ参照**）。

法律の規定以外に妊婦の支援制度や施策を拡充している企業では、①**妊娠中の特別有給休暇付与**、②**出産準備などのための連続休暇**、③**産前産後休暇の有給化**、④**マタニティ制服の導入**、などを実施しています。

・報告を受けた上司の対応

妊娠の報告を受けた上司には、まずは「おめでとう」と笑顔で祝福してほしいものです。報告する側はたいていの場合、上司や同僚に負担をかけることに負い目を感じ、迷惑な顔をされるのではないか、という不安を抱えています。意を決して報告した結果上司が喜んでくれたら、安心するとともにその後の話し合いもスムーズに進むことでしょう。

報告を受けたら、予定日から産前休暇の開始日を割り出して確認するとともに、育児休業取得の有無、取得期間の希望を確認します。退職を希望している場合は理由を確認し、退職か復職か迷いが見て取れる場合は迷う理由について相談にのったり社内の経験者を紹介したりするなどの支援を行います。

妊婦検診の日程（休暇が必要か確認）、妊娠期間中母体の安全のため業務内容の配慮をすべきかどうかを本人と相談します。必要に応じて前項で述べた制度の活用や社内の健康管理室の利用を勧めます。つわりや検診の結果などで体調に不安がある場合はいつでも相談できるよう、話しやすい状態にしておくことが大切です。

また、妊娠を他の社員に公表してもよい時期については本人に必ず確認し、それまでは人事以外には口外しないようにします。

報告を受けた後は内容を人事に伝え、本人の休業に備えて後任体制を整備するなどの対応を開始します。人事はそれを受けて各種手続きの準備を行います。

なお、医師の診断を受けた社員から「母性健康管理指導事項連絡カード」（42ページ参照）が提出された場合適切な処置を講じる必要があります。

・産前休暇に入る前に

産前休暇に入る前までに、次のことを本人と職場、人事の三者間で明確にします。

①　復職時期
②　復職時の配属部署（基本は同じ部署）
③　入園希望の保育園
④　希望の園に入れなかった場合の代替案
⑤　休業中の連絡先・手段

⑥　会社からの送付物
⑦　復職準備のためのセミナー・面談などの日程など

また、職場では管理者が引継ぎ項目と相手を把握し、完全に引継ぎが終わるまでフォローします。本人と引継ぎを受ける者が納得した形で産前休暇を迎えられるようにしましょう。

・マタニティハラスメントの防止

マタニティハラスメント（以下、マタハラ）とは、妊娠・出産をきっかけに職場で精神的・肉体的な嫌がらせを受けたり、妊娠・出産などを理由とした解雇や雇い止め、自主退職の強要などの不当な扱いを意味する言葉です。

妊娠の報告を受けたので雇い止めとしたり、育休取得の申出があったので経営悪化を口実に解雇したりするだけでなく、降格、減給、不利益な評価、雑務をさせるなども違法です。違反があった場合、行政指導や、悪質な場合は事業場名が公表され、企業は大きな打撃を被ることになります。

上司は自身が正しく理解するとともに、組織全体にも徹底させることが大切です。

2　育休中のコミュニケーションと復職準備

・育休取得者とのコミュニケーション

会社が育休取得者とコミュニケーションを取る目的は二つあります。一つは出産の無事や産後の本人と子どもの健康状態を把握することです。出産予定日を2週程度過ぎても本人から連絡がない場合は連絡してみましょう。出産日が確定して初めて産後休暇の終了日、育児休業の開始日が確定するのできちんと把握する必要があります。

もう一つは、育休取得者の不安を解消することです。育児休業中は職場から忘れられてしまったのではといった疎外感、孤立感にとらわれることが多いことが知られています。会社からの定期的な連絡は、そういった不安を払拭し、安心して育児に取り組む助けになります。そのことが結果的に職場復帰への前向きな気持ち、会社へのロイヤリティの向上に役立ち、復職後のモチベーションにつながるのです。

コミュニケーションの手段はメール、郵便を基本とし、時には職場に電話をかけさせたり、昼休みや就業後に子連れで顔を出させたりするのもよいでしょう。

・育休中のスキルアップ

育児休業は学校や職場の夏休みと異なり、時間が余っているどころか足りないぐらいなので、スキルアップを義務づけることは好ましくありません。勉強しなければいけないと思うことがプレッシャーになり、育児がおろそかになると復職後に響きますので本末転倒です。ただし、親と同居しているなど比較的育児休業中に余裕がある社員のために、スキルアップの手段を提供するのはよいことです。語学、パソコンスキルなどのｅ－ラーニング講座が使える環境を提供しているケースもあり、助成金の対象になります。

もし、妊娠・出産・復職ガイドブックのようなものを会社で作成するなら、育休中の過ごし方として伝えるべきことがあります。それは子どもに適した生活リズムを確立することです。睡眠や食事の時間を毎日一定にすることで、起きているときには機嫌よく遊び、寝る時間にはよく眠れるようになります。育児休業の時期にそのリズムを作っておくことで、保育園や小学校に入ってからも朝起きられない、朝食をとらない、夜更かしするといったことで悩まなくて済むのです。

・職場復帰セミナー

復職が近づいてくると、育児休業の生活に慣れた社員は復職したくない気持ちと子どもと向き合う生活から脱却する期待との間で行ったり来たりします。この時期には職場復帰セミナーの開催が一般的になりつつあります。

育休取得者が多い会社は社内開催が効率的です。4月に復職する社員が多いのであれば、12月から2月の間に実施するのもよいでしょう。会社からの連絡事項の伝達、復職に関する不安の解消、心の準備が主な目的で、専門家の話や先輩の体験談も有効です。

短時間勤務制度を社員に自由に申請させておきながら、利用者の増加にともないお荷物扱いする会社が見受けられますが、職場復帰セミナーを活用して、制度の趣旨や会社が想定する使い方を説明すべきです。制度利用にともなう給与や賞与、評価の情報提供も必要です。

本人には就業時間の制限、保育園からの呼出しや急に会社を休むときの対策、家族や支援者によるバックアップ体制などを整理させます。それらを上司との面談で共有すれば職場での支援体制づくりに役立ちますし、落ち着いて仕事を再開することができるようになります。

3　管理職による育休復職者の支援

それでは次に管理職として、育休を終えて復帰してくる社員に対してどのように対応すればよいのかを考えてみましょう。

・管理職の役割としての人材育成

部下を人材として育成することが、管理職の役割の一つであることには異論がないことと思います。しかし、実際には管理職の多くが「指導」を「育成」と勘違いしています。仕事のやり方や背後にあるものの考え方を教えることは指導であって、育成としては十分ではありません。「育成」とは人材を見極め、中長期的にその人をどのように育て活かしていくかを考え、計画を立てて経験を積ませて可能性を広げるような取組みを言うのです。

これから子育てしながら働く部下について、働き方に制限があるという面だけをとらえるのではなく、5年後10年後に組織の中核となる人材と位置づけ育成計画を立て本人と共有することが大切です。

・過剰な対応

育児休業が明けて新たな気持ちで職場に戻ってくる社員をがっかりさせるのが、「腫れ物にさわるような」管理職の態度です。お子さんがまだ小さいあなたのためを思っているんですよ、という大義名分の下に本人に確認することなく自分の独断で次のような対応をしてしまうようです。

- 業務に必要な情報を提供しない
- 会議に参加させない
- 権限を縮小する
- 教育、研修の対象外とする
- 国内・海外出張に行かせない

上司がこのタイプの場合、部下は仕事の負荷が軽くなるので最初は少し楽な気持ちになるかもしれません。それも束の間、自分の能力や努力が必要とされていないという無力感、かやの外に置かれているという疎外感に襲われます。これを放置すれば、期待の範囲内で仕事すればいい、という態度に陥り、「ぶら下がり社員」「フリーライダー」と言われるような状態になりかねません。

・無頓着な対応

これとは反対に、育児中であることをまったく配慮しない管理職もいます。例えば

- 仕事の量をまったく調整しない
- 子どもの病気で休む連絡をすると露骨に嫌みを言う

●本人が参加できない時刻に会議を開催するといった対応をとる人です。管理職がこういうタイプの場合、育児中の社員は無理をして子どもとの時間を削ってでも期待に答えようとするか、あきらめて仕事をやめてしまうか極端な結果になりがちで、仕事への意欲は下がります。

・望ましい対応

管理職は育休後社員の状態を正しく認識して臨機応変に接することが必要です。これを機に復職者だけでなく、すべての部下の状況を把握しモチベーション低下対策やメンタル疾患の早期発見を心がけましょう。

育児中の社員に特有な管理項目として就業環境を正しく把握しておく必要があります。具体的には次の項目について本人に確認し、期ごとの面談で更新していきます（**5章 職場復帰面談シート（114ページ参照）**）。

［確認すべき項目］

●勤務時間（定時／短時間／フレックス）
●短時間勤務制度利用の有無
　「有」の場合、理由と期間

- （生後1年未満の場合）育児時間の有無
- 保育園の名前、場所、保育時間
- 保育園の送り迎え体制、家族の協力状況
- 帰宅時の電車、バスに間に合うための離席時刻
- 残業や定時以降の拘束（会食など）が必要な場合何日前までに伝えれば調整可能か
- 休業中の職場環境の変化などについて知らなくて困っていることがないかどうか
- 仕事を再開するにあたっての意気込み
- 仕事の内容、役割分担への要望事項

・もっとも重要なこと

育児中の社員にとって、保育園の送り迎えの時間を守ることと子どもの病気で休むことは、自分の意思では動かせない制限事項です。これらについて無理をさせることは、本人の仕事を続ける意欲をそぐほどのダメージを与えかねません。特に子どもの病気で休むという連絡が入ったときに、「またですか」という態度をとることは百害あって一利なしです。自分の経験でも、そんなときに心から「お大事に」とねぎらってくれる上司には信頼と恩義を感じ、この人のためなら頑張って働こうという気持ちになったことを思い出します。

時間制限のある働き方は、まだ例が少なく、支援するにも難易度が高いものです。そのためにも段取りの不備や責任感の欠如、周囲の理解不足などにより問題がおきた場合は、本人の気持ちに余裕がある日時を選んでじっくり話し合うことで解決を図ります。常日頃から部下の働き方を最大限に尊重することで築かれた信頼関係が、問題解決をよりスムーズにしてくれることでしょう。

4　育休後社員のネットワーク構築支援

・両立の悩みを話す相手がいない

子育てしながら仕事を続けている女性に共通して言えることは、両立についての悩みがあっても話す相手が身近にいない人が多い、ということです。

それなら、毎日保育園で顔を合わせる「ママ友」と話せばよいのでは？と思うかもしれません。しかし、働き方や仕事に対するスタンスが違う人とは必ずしも話が合うとは限りませんし、送り迎えの時間は慌ただしくてゆっくり話す時間がありません。また、職場に先輩ママがいる人は稀で、多くの場合自分以外に育児中の女性がいないという状況の中で働いています。「仕事が思うようにできない」といった悩みを共感して聞いてくれる職場の人と巡り会うこともまた、至難のわざなのです。

・答えは自分の中にある

そこで、育児休業から復職して数年以内の人たちを対象に、仕事と子育ての両立についてじっくりと語り合う場所と時間を提供してみようと思い立ちました。1章で紹介した「育休後カフェ」です（6ページ参照）。

「育休後カフェ」に参加する人たちの特徴は「仕事をただ続けるのではなく、自分が納得する仕事内容やレベルを維持したい、そのためには今のままでいいのだろうか？」という問いを自らに向けている点です。この問いは一人で考えていると堂々巡りで先に進みません。朝から晩まで目が回るほど忙しい生活の中で、その問題にじっくり取り組むひまもなく考えるのをやめてしまうため、不安だけが心の中に残り続けます。

この不安から目をそらさずに正面から向き合い、話し合う場として「カフェ」があります。参加者はカフェで話しているうちに、自分自身で論点を整理しはじめます。筋が通るように話したいという気持ちが働くからです。すると最後に結論として「もうちょっとこうすればいいと思うんだけどね」という具体的な対処方法が自然に口から出てきます。これが出てくればしめたもの。自分の言葉に後押しされる形で堂々巡りから抜け出し、次のステージに進むことができるのです。

また、自分よりちょっと先を行く人（＝ロールモデル）の話や、異業種の人の話を聞くことも自分の問題を解決するヒントになります。仕事の工夫、上司や同僚とのコミュニケーションの取り方、時間の上手な使い方など、自分の固定観念を取り払うよいきっかけとなります。

・職場でのネットワーキング

「カフェ」のような話し合いの場が本人の悩みを解決し、意識を変えるために大きな効果があることがわかったので、同じことを組織の内部で実現することによって、より大きな成果が期待できます。仕事と子育てを両立している社員同士のネットワーク構築を、会社として支援することを推奨します。

社員同士は同じ制約条件の下、同じ企業風土の中で働いているという共通点がある一方、それぞれの部署で管理職のマネジメント方法に違いがあったり、同僚による理解度が異なったりすることで、意識の違いがあるかもしれません。自分が当たり前だと思っていたことが、実は単なる思い込みや誤解であったり、特定の部署内だけのローカルルールだったりすることに気づくこともできます。

短時間勤務制度を利用する社員が増えている場合は、制度利用者の意見を集めるためにも社内ネットワークはおおいに役立つでしょう。短時間勤務なのに結果的に通常勤務と同じ時間働いている、教育研修の機会が与えられない、業績評価に疑問がある、時間あたりの生産性が評価されないなど、制度の趣旨や運用の課題は数多く指摘されています。これらの意見を吸い上げる目的で、ネットワークを有効活用することができるのです。

社内にイントラネットのＳＮＳや、育児休業者復帰支援プログラムを導入しているなど、社員同士のネットワークインフラが整っている企業の場合は、会社側で支援しなくても育児中の社員のコミュニティが自然とできているかもしれません。

しかし、任意参加のネットワークに参加しない社員もいますし、そういった社員こそ孤立しやすい場合が多くあります。

前出の職場復帰セミナーは、同じ時期に育児休業を取得している社員が集まるため、ネットワークを作るよいきっかけになります。主催する会社側でも、積極的にその機会をとらえてネットワークを作るよう助言するとよいでしょう。

また、育休後社員の人数が会社全体でまだ少ないような場合は、人事がそういった社員を一同に集めてセミナーやワークショップ、または懇談会を開催し、その場で交流を深める支援をすることが有効です。

5　子どもの病気で休む社員の支援

育休後社員が仕事を再開してすぐ直面するのが、子どもがたびたび病気になって保育園に預けられず、仕事を休まざるを得なくなる問題です。復職のその日に出社できなかったり、大事な仕事をしている最中に保育園から呼び出されたりすることはめずらしくありません。

こういった状況では問題が二つあります。一つは休暇が足りなくなること、もう一つは仕事ができなくなってしまうことです。

・休暇の不足へのサポート

休暇の不足への対策として、育児・介護休業法の中で子の看護休暇を設けています（3章63ページ参照）。小学校就学前までの子を養育する従業員は、事業主に申し出ることにより、小学校就学前までの子が一人であれば年に5日まで、二人以上であれば年に10日まで、1日単位で休暇を取得することができます。このとき有給か無給かは、事業者と雇用者の間で取り決められています。

子の看護休暇は、病気やけがをした子の看護を行うためや、子に予防接種または健康診断を受けさせるために利用することができます。

企業によっては、半日単位、時間単位の休暇がとれる場合もありますので、対象者に制度を周知することが大切です。

・仕事をするためのサポート

保育園では毎朝子どもの体温をチェックし、一定以上の体温（一般的には37・5℃）の場合は預かってくれません。また、当然のことながら伝染病にかかっている子どもを預けることはできません。

子どもが病気のときに預かってくれる病児保育、病後児保育というシステムがあります。病児保育は、保育園に併設されている場合と診療所に設けられている場合があります。その他にも、独立施設や、病児の自宅で預かるサービスを提要している団体もあります。

いずれも、事前の登録が必要であらかじめ予約をしなければならないことや、圧倒的に数が限られており、一つの施設で預かってもらえる人数も少ないことから、いつでもすぐに、誰でも使えるシステムにはなっていないのが実状です。

・職場のサポート

子どもがたびたび熱を出したり病気にかかったりすることは、乳幼児の間は避けられません。前述したように病気の子どもを預かってもらうのは難しいことが多いですし、まずは病院へ連れていかなければならないことも多いので、親が仕事を休まざるを得ないのが現状です。その場合、その日にその人がするはずだった仕事はどうしたらよいのでしょうか。

職場でまず心がけるべきことは、休みの連絡があったときの対応です。子どもの病気で休むという連絡を受けたとき、迷惑そうな対応をしたり、非難めいたことを言ったりするのは避けましょう。そうでなくても申し訳ない気持ちで連絡がしづらいのに、いやな思いをするのがわかっていたら、なおさら連絡が遅くなります。結果として早めの対応ができなくなり、困るのは職場の人です。そんな場合は、本人の心労をねぎらい、いつから出て来れそうかを聞いておきましょう。

制度として在宅勤務がある場合は、小さな子どもを育てている親にも使えるようにしておくと、少しの時間でも仕事ができますし、メールのやりとりで本人から職場への引継ぎができます。その場合、家と会社との間で電話会議やウェブ会議ができたりすれば便利でしょう。

・見える化と分業

本人が休むたびに周囲が困っているような状況が見えたら、仕事の仕方に問題がある場合が多いので、管理職が次のような対策を行う必要があります。

(1)　仕事の状況を見える化する

具体的には、他部署とのメールのやりとりは必ず部署内の誰かにCcで送信し、作成中の資料は毎日終業時に共通の場所に格納する、毎日の作業の進捗状況を報告する、職場で共有している本、雑誌、資料などは持ち帰らないようにする、などを徹底する。

(2)　代わりの人を決めておく

会議への出席など、その人が部署を代表して行っている業務については副担当をあらかじめアサインしておき、休んだときにスムーズカバーできるようにする。

(3)　キャンセル／リスケジュール

本人が休むことで何らかの仕事のキャンセル／リスケジュールが必要になったとき、休んでいる者の代わりに管理職がそれを引き受ける。他部署や顧客に迷惑がかかるような場合は管理職が必要に応じて謝罪や理由の説明、調整を行う。

本人が再び出勤してきたとき、たまった仕事が片付けられないような場合は、優先順位をつけて減らしてやるなどの配慮も必要です。子どもの病気で苦労するのはほんの数年なので、周りがカバーし負担を減らしましょう。

6　育休後社員のモチベーション低下の原因と対策

前項でも触れたように、育休後社員は子どもの病気でたびたび仕事を休まざるを得ない状況にあります。子どもがいないときには、自分で自分の予定をきちんと管理し予定通りに物事を進めていた人でも、子どもを持つと突発的な予定の変更にさらされ、計画を立てても無駄ではないかという無力感にさいなまれます。この例でわかるように育休後社員は、周囲がネガティブな対応をまったくしなかったとしても、だんだん思うようにいかなくなって気分が落ち込み、モチベーションが下がりがちになるのです。

・思うように働けない

モチベーションが下がる要因をここでは3点挙げましょう。一つ目は先に述べた、子どもの病気で休みが多くなる点です。

二つ目は、休業というブランクによる影響です。1年間、長い人は2年、3年にもわたる育休期間中、職場ではいろいろな変化が起きています。左記はその例です。

- 自分または身近な人の異動、組織の改変
- 社内関連部署、社外取引先の人の異動
- 職場での各種作業プロセスの変更
- 業界動向の変化

もっと細かいレベルではパスワードの有効期限が切れていたり、ファイルやメールがなくなっていたり、挙げればキリがありません。それらをすべて元の状態に戻し、仕事が効率よくできる状態に持って行くまでには相当骨が折れます。そうでなくても短い時間しか働けないのに非常に歯がゆい思いをすることになります。

ブランクの影響としてもう一つ、仕事の勘が戻るまでに時間がかかるということがあります。育休後に仕事でミスをした経験を聞いたところ多くの人からそういうことがあったという告白がありました。仕事にミスはつきものですが、育休後は自信をなくしていることが多いため、特にダメージが大きく記憶に残りやすいのでしょう。

・早く帰らなければ

三つ目は時間的な制限です。子どもを預けていることにより、短時間勤務制度を利用する

かまたは時間外労働をしない、という制約ができます。出産前は際限なく働いていた人でも、時間が来たら中途半端な状態でも仕事を中断して帰らなければなりません。あと5分あれば終わるのに、という場合でもそこで断ち切らなければ電車一本遅れることになり、保育園の子どもの引き取り時間に間に合わなくなります。保育園との間ではあらかじめ決めた送迎時間に基づき保育料を支払っているわけですから、その時間に遅れることはあってはなりません。保育園に責任ある対応を求めれば求めるほど、親も保育園との約束を守らなければならないのです。その厳しさは部外者には理解しがたいものかもしれません。

与えられた仕事をきちんとやりたい、でも早く帰らなければならない、その葛藤が育休後社員の一番の悩みといってもよいでしょう。

・周りの無知が輪をかける

これまで見てきた項目は職場環境がどうであれ、本人の中で起きるモチベーション低下の原因です。そこへさらに、職場環境により拍車がかかる場合があります。例えば周りからのこういった対応です。

- 休んだり早く帰ったりすることに対して文句を言われる
- 腫れものにさわるように扱われる

- 無理なノルマを課せられる
- 懇親会などに誘われなくなる
- 努力や成果に見合った評価が行われない

・やる気を維持するカギは上司

育児休業から復職する直前の女性社員に対して職場復帰セミナーを数多く行ってきて感じるのは、彼女達は復職に際してやる気が十分あり、職場に対する感謝の気持ちで一杯であることです。言葉の通じない赤ん坊と一日中接し約1年、母親として育児に取り組んできたものの職業人として元気に働きたい自分も健在です。少しの刺激で働く楽しさがよみがえり、意欲が戻っています。休ませてくれた職場に恩返しをしたいという忠誠心が自然な形で芽生えています。これを凹ませないためにはどうしたらよいのでしょう。

やはりカギを握るのは職場の上司です。

「育休後社員はやる気がある。育児のために毎日一定時間が必要。乳幼児は非常によく病気をするが小学校に入るころには年に数回休む程度になる」

これを忘れず本人の働き方を尊重し、変わらぬ期待感を持って接すれば、育休後社員は期待に応えようと努力するはずです。その過程で必要なコミュニケーションを面倒がらずに行えば、その時期なりの最大限のパフォーマンスを出させることができます。結果として後に続く女性社員のロールモデルになっていくことでしょう。

7 育児短時間勤務制度の運用

・短時間勤務制度の概要

短時間勤務制度の対象となる労働者は、次のすべてに該当する者です。

① 3歳に満たない子を養育する労働者であること
② 一日の所定労働時間が6時間以下でないこと
③ 日々雇用される者でないこと
④ 短時間勤務制度が適用される期間に育児休業をしていないこと
⑤ 労使協定により適用除外とされた労働者でないこと

短時間勤務制度は、一日の所定労働時間を原則として6時間とする措置を含むものとしなければなりません。なお、一日の所定労働時間を6時間とする措置を設けた上で、その他、例えば一日の所定労働時間を7時間とする措置や、隔日勤務の所定労働日数を短縮する措置など所定労働時間を短縮する措置をあわせて設けることも可能です（3章61ページ参照）。

・短時間勤務制度の適用期間

短時間勤務制度を導入するにあたり、法定以上の適用期間を定めているケースが大企業ではよく見られます。法律では3歳までであるのに対して、そういった企業では6歳まで（小学校入学まで）、9歳まで（小学校四年生になるまで）、12歳まで（小学校卒業まで）といったパターンがあります。

会社側として適用期間を長くする動機は二つ考えられます。一つは、本人の要望に応えることにより働きやすい職場を実現すること。もう一つは、適用期間の長さというわかりやすい尺度で、制度の充実度を社内外に示すことです。

しかし、短時間勤務制度の適用期間が長いことは本当に本人のためになっているのでしょうか。後段でも詳しく述べますが、長過ぎる短時間勤務期間は企業にとっても本人にとってもマイナス面のほうが大きくなります。

本人にとってより望ましいのは、短時間勤務と通常勤務の間の変更回数の制限を緩和することです。短時間勤務から通常勤務に戻すとき、子どもと過ごす時間が短くなるという点で大きな不安を感じるものです。一度通常勤務に戻したらもう短時間勤務にできないケースと、万が一うまくいかなければまた短時間勤務ができるケースとを比べた場合、どちらがその不安を克服しやすいかは自明です。制限の緩和により、本当に必要な労働者だけに短時間勤務制度を適用するという状態に近づけることができるのです。

・短時間勤務制度の問題点

厚生労働省の「雇用均等基本調査」によると2010年度女性の育児休業取得率は83・7%、育休後社員の約36%が「短時間勤務制度」を利用しています。早くから制度を導入している企業では数百人の従業員が短時間勤務をしている場合もあり、次のような問題点が指摘されています。

- 周りの社員の負担が増える
- 人事評価が難しい
- 本人がキャリアを真剣に考えずモチベーションが下がっている

一方、短時間勤務利用者からはモチベーションが下がる理由としてこんな訴えが聞かれます。

- 短時間勤務制度を利用しているというだけで評価が何段階も下がった
- 昇進、昇格、昇給の対象外になった
- 教育、研修の機会が与えられなくなった

- キャリアパスが見えない

双方の事情を聞いてみると、短時間勤務制度を使うことによる本人のメリットが強く意識されている一方、給与、賞与、昇給、昇格、評価、待遇などへの影響について会社からの情報提供が十分行われず、本人もデメリットを理解せずに制度利用を決めているという実態が明らかになりました。

短時間勤務の利用が引き起こすこれらの問題に対して企業の対応として必要なのは「働き続けて、近い将来組織の中核となって活躍してほしい、そのための制度である」と本人に伝えること、そして、評価や賃金についての本人と管理者への正確な情報提供です。会社では産休前や短時間勤務中の社員全員に対して面談や社内研修を実施する試みがはじまっています。

会社によっては短時間勤務制度利用者を集めて厳しい内容の教育研修を行うケースもあるようですが、締めつけともとれる強行なやり方は、逆にモチベーション低下につながるので注意が必要です。有効なのは制度利用者同士で議論させ、自発的なキャリア意識向上を促進する取組みです。継続的に行うことで社員間のネットワークが強化され、その中からロールモデルが育つ可能性も高いのでお勧めです。

8 長時間労働職場における短時間勤務者支援

短時間勤務制度の運用における問題点として、周囲の社員の負担が増える傾向にあること、評価が難しいことなどが指摘されています。

この問題が非常に顕著に現れるのが、短時間勤務制度利用者（以下、短時間勤務者）が所属する職場で周りの社員が常時長時間の時間外労働をしている場合です。

・長時間労働職場での短時間勤務

例えば、短時間勤務者の所定労働時間が6時間で、他の社員が時間外労働を4時間している場合、時間数はそれぞれ6時間、12時間となり、一日で2倍の開きが出てしまいます。

このような状態では、周囲の社員が短時間勤務者をサポートする余裕がありません。短時間勤務者は、自分だけ早く帰るということで肩身のせまい思いや無力感にとらわれますし、周囲の社員も短時間勤務の人には仕事を頼みにくい、あてにできない、と感じるでしょう。

こういった状況の場合、育児中の社員が短時間勤務制度の利用を躊躇することが起こり得ます。本人が「職場がこういう状況だから短時間勤務を使わずにやりくりしてみよう」と前向きに決断した場合はよいのですが、上司や周りの社員からの目に見えない圧力といったあいまいな基準で、「短時間勤務をとりづらく感じて」と制度利用をあきらめる例を多数見てきました。

それはやがて、「短時間勤務制度はあるけれどうちの会社では実際にはとれない」という雰囲気や職場風土として定着し、育児をする社員は会社と交渉することもせず短時間勤務をあきらめ、あるいは出産後仕事を続けることをあきらめて退職、さらには仕事のために子どもを持つことをあきらめる、といった不幸な結果を招くのです。短時間勤務の対象外となる業務は極力限定し、かつ管理職がローカルルールで決めることのないよう、明文化してオープンにしておきましょう。

・短時間勤務者への業務割当て

育休後社員を、出産前とは別の職場に異動させるケースがよく見られますが、時間制限のある働き方をしている社員に新しい仕事を覚えさせる、というやり方に合理的な理由があるのでしょうか。その社員がもともと担当していた業務を割り当て、どうやったら効率よくできるかを考えさせたほうが本人もやる気が出ますし、職場にとってもプラスになるはずです。たとえ、周囲の社員が長時間労働をしている中での短時間勤務でも、その人の持つ業務の知識を有効に活かすことができます。

職種や勤務シフトの関係でどうしても仕事の内容を変えなければならない場合でも、なるべく以前と同じ職場で働けるようにしたほうがよいでしょう。初めて会う人ばかりの職場で短時間勤務をしていると、歓迎会などで距離を縮めることもままならないため、周りの人となじむのに時間がかかります。その状態では仕事の話をするにも遠慮がちになり、効率が悪くなってしまいます。

短時間勤務者がある程度の経験を持つ社員であれば、チームが最大限のパフォーマンスを発揮するには自分は何をしたらよいか本人に考えさせてもよいでしょう。子どもを持つ前は自分の担当業務で目標を達成し、業績を上げていた社員も短時間勤務ではそれが難しくなり、本人なりの葛藤もあるはずです。しかし、ある時期自分の業績にこだわることをやめ、チームとして目標を達成するためサポートに徹することはよい経験であり、将来のキャリアを考える時にも役立ちます。そこに気づかせるのも上司の仕事ではないでしょうか。

・長時間労働社員のケア

短時間勤務者と通常勤務者、どちらの勤務体系の社員も等しくワーク・ライフ・バランスが尊重されなければなりません。長時間労働が常態化している職場では健康を害している社員がいる可能性があります。休ませたり、健康診断を受けさせるなどの手段で、それぞれの社員に気を配ることが大切です。

・長期的な対策

当然のことながら、長期的には

- 不要不急業務の削減
- 業務プロセスの見直し
- 社員の意識改革

といった対策により、長時間の時間外労働をなくすことが必要になります。

育休取得者や短時間勤務者は今後増加する一方なので、それを前提とした人員配置やマネジメント方法を工夫することが大切です。

9　男性社員の育休取得支援

男性社員の育児休業の取得率は、「平成26年度雇用均等基本調査」（厚生労働省雇用均等・児童家庭局）によれば2・30％と女性の86・6％に比べて桁違いに少ないのが現状です。しかし、これから子どもが生まれる可能性のある男性の三人に一人が育児休業を取得したいと希望しており、今後増えていく傾向にあります。職場としては申出があれば当然、取得させなければなりません。

希望者が申し出てきた場合、会社として第一号なのであれば、人事は本人だけでなく、上司やその職場全体をフォローし、最初の事例としてていねいに対応したいものです。

とはいっても、男性社員が育児休業を取得することにはまだ抵抗感を感じる人が多いのが現状です。実際に取得者が出ることが、社員や組織にどんなメリットをもたらすかを考えてみましょう。

・子育て世代に与える影響

私たちは無意識のうちに、制度を使って休んだり短時間勤務をしたりするのは女性と考えがちです。社内に育児休業を取得した男性社員がいたとしたらその意識は大きく変わります。

子育て世代の男性社員は、子どもが産まれたら制度を使って自分も休むという選択肢が増えたことになり、働く上でのインセンティブにつながります。また、女性社員は男性の育児休業が認められることで、取得することへの不安が軽減されるはずです。

男性の育休取得経験者によれば、復職後子どもの話題で話しかけられることが増えたとのこと。職場で子育ての話をする延長で社員同士がコミュニティを作ったり、仕事も子育てもお互い助け合って楽しくやろう、といったコミュニケーションができたりするようになると職場の雰囲気がよくなり仕事もスムーズになります。

さらに、男性の育休取得者の人数が、男性が働きやすい会社かどうかのバロメーターとして扱われていることから、優秀な人材の採用のためにも寄与することができます。

・効率よい働き方の普及

育児休業を取得した男性に共通しているのは、仕事を効率よく終わらせて早く帰りたいという意識が非常に強くなっていることです。それは、育児休業中に小さな子ども世話をやってみて、それを一人で抱えることの負担の重さを十分認識できたからです。

保育園のお迎えをするために残業せずに帰ることにした人や、子どもが病気のときは会社を休むことにした人もいます。しかし、それらを実現するためには自分の努力だけでなく、周りの人の協力も必要になってきます。

これまでも育児をしながら働く女性は同じような意識を持って行動していましたが、そこに男性社員も加わった形で、働き方に関する問題点を指摘することに大きな意味があります。

・多様性をマネジメントできる人材の育成

育児をしながら働く女性社員が増えてきた今、そういった社員を育成し、管理する力を持った管理職の不足が問題視されており、多様な人材のマネジメントに関する管理職教育のニーズは高まるばかりです。

これからの職場は、育児や介護といった理由で時間制限がある中で働く社員や、勤務時間を拘束されることを好まない外国人社員、短時間勤務で仕事を続ける高齢の社員など、さまざまな働き方をする社員がいるのが普通になってきます。そのため管理職は、職場にいる時間の長短に惑わされず部下を評価する必要が出てきますし、短い時間でも成果を出せる社員を育成しなければなりません。

女性でも男性でもそうですが、育児休業を取得し、「育児」という時間制約の条件を理解している管理職は、多様な働き方をする社員に対してもこれらの理解をベースに管理、指導することができます。そうすると部下もそういった管理職には、いろいろなことを相談しやすいのではないでしょうか。

このように男性社員の育児休業は、女性のように長期間取得しなくても、これまで説明したような効果が期待できます。子どもを持った男性社員は必ず2週間ないし1ヵ月以上取得

男性がもっと育休関連の制度を利用しやすくなるために

「育児休業＝長い休み　だから無理」と思い込まない

育児休業は子の１歳の誕生日前日までの間で、本人が希望する期間とることができます。長期の休業を希望する人もいますが、出産直後や妻の育休復帰時の利用など比較的短期の休業を希望する人もいますので、まずはどういう時期にどのくらい利用したいのかを聞いてみましょう。

育休中でも臨機応変に働くことができると考える

育休中、業務命令として働かせることはできませんが、育児休業の一時的な中断程度の働き方であれば、本人の同意のもとに働いてもらっても問題ありません。例えば重要な会議や研修への参加、想定外の事態が起きた場合の対応ができると思えば、育休利用者の精神的な負担も軽くなりますし、職場の同意を得やすいでしょう。

※働いた分の給与が支給されても、計算の基となる賃金（休業開始時賃金月額）の８割を超えなければ、育児休業給付金が支給停止になることはありません。また給与額によっては育児休業給付金の減額があるのですが、給与額と育児休業給付金を併せると育休者本人の受取り額が減ることにはなりません。

男性がもっと育休関連の制度を利用しやすくなるために

短時間勤務制度、所定外労働の免除制度を利用しやすくする

法律では少なくとも子の3歳の誕生日前日までは上記制度が利用できることになっています。上記制度の利用は通常は申出期間のすべての就労日に適用する運用が一般的ですが、例えば週2日の利用や月10日の利用など柔軟に利用することが可能であれば、男性ももっと利用しやすくなるはずです。

子の看護休暇制度は夫婦で利用する

法律では子の看護休暇制度は無給でもよいことになっていますが、有給にすることで利用しやすくなります。また半日単位での利用も可能とすることで、急な発熱の日でも夫婦で半日ずつ交替で休むことが可能になります。

その他、あらかじめ実施日が確定している健康診断や予防接種などの日には、夫が計画的に利用できるように社内啓発することをおすすめします。

するようにすると、組織全体で長時間労働の削減などの働き方改善に取り組みやすくなります。もちろん、職業や職種によって休暇がとりにくいケースもあるでしょう。まずはできるところからはじめていくことが大切です。

10　育休後社員を悩ませる小一の壁とは

・小一の壁とは

子どもが小学校就学を控えた社員が増えてくると、三年生が終わるまで、または小学校卒業まで短時間勤務制度を利用できる期間を延ばしてほしいといった要望の声が大きくなってきます。実はこの背景には「小一の壁」といわれる問題があるのです。詳しくは4章（94ページ参照）で述べましたが、ここではその一部を紹介します。

1　学童保育の問題

保護者が昼間家にいない小学生を預かる場所として代表的なのが、学童保育です。保育園を卒園した子どもがそのまま学童保育に入所し、放課後や長期休暇を過ごせるのが働く親にとっては理想的ですが、実態は残念ながらそうはなっていません。学童保育の問題点は具体的には以下の通りです。

(1) 必要としている子が入れない

学童保育の数は圧倒的に不足しており、保育園を卒園した子の6割しか入所できていません。

(2) 施設や指導員の質がばらばら

施設が少ないことから、せまい場所にたくさんの子どもがいる場所が多く、環境がよくありません。国による最低基準や定員が定められていないためです。また、指導員の勤務条件がよくないため定着しにくく、保育の質を保つことが難しくなっています。

(3) 預かってくれる時間が短い

保育園と比べて保育時間が短いことが多く、半数以上が夕方18時までしか預かっていません。また、夏休みのような長期休暇は開所時刻が9時であるところが多く、親が先に出勤すると子どもだけで家に残ることになってしまいます。この問題も、小学生の親の間ではたびたび話題になる「壁」の一つです。

2 学童保育以外の問題

小学校に入り授業が始まると、親としては勉強についていけているかが当然気になります。宿題が出ていてもやって行かなかったり、授業中に集中できず先生に注意されたりということも…。そこで、働いているから勉強を見てやる時間が十分とれない、と感じ、働く時間を減らしたいと思う人がいるのです。

また、授業参観日やＰＴＡの役員会などが平日の昼間に実施されることが多いため、そういった活動と仕事との両立ができないことを不満に思う人もいます。

これらの二つ、学童保育の問題、学童保育以外の問題を合わせて「小一の壁」と言います。

・小四の壁

学童保育の中には三年生までしか預からないところが多くあり、その場合四年生からは子どもの居場所がなくなってしまいます。家で一人で留守番をさせようとしても、治安が心配でできない場合もあるでしょう。また、中学受験がさかんな地域では遅くとも四年生から受験勉強を始める子が多く、働いている親は受験に不利だという人もいます。「小四の壁」とはこれらの問題を指しています。

・会社としての支援

会社として学童期の子どもを持つ親を支援するにはどうしたらよいでしょうか。保育園の場合は職場に保育施設を併設するといった対策も可能ですが、小学生は地元の小学校に通っているため、学童保育を職場に作ることはできません。

会社でできる支援の一つは、下記のように就業条件に自由度を持たせることです。

- 半日単位の有給休暇の導入・回数増
- 時間単位の有給休暇の導入・回数増
- 裁量労働制の導入・適用職種の拡大
- 在宅勤務制度の導入・提供職種の拡大

短時間勤務制度を利用できる期間を四年生あるいは小学校卒業までに拡張している会社においては、取得回数の制限をなくす、すなわち時短勤務と通常勤務の切替を何度でもできるようにすることも有効です。融通の効きやすい働き方を可能にすることで、むやみに勤務時間を減らさないほうが、社員のキャリアのためにも望ましいでしょう。

11 育休後社員のキャリア形成支援

育休後社員を組織の意思決定に参画する管理職・役員として育成するためにはどのように支援していけばよいのかを考えてみたいと思います。

・女性管理職比率の目標値

政府は2020年までに各分野での指導的地位に女性が占める割合を30％にすることを目標に掲げています。厚生労働省「賃金構造基本統計調査」によれば、民間企業で2010年時点で課長相当職に女性が占める割合は7・0％、部長相当職は4・2％、両者を合わせると11・2％です。これを約3倍にしなければなりません。

・両立支援制度のあり方

一般的に課長、部長に昇格する30代から40代という年齢は、育児中の女性にとっては育児休業を取得したり短時間勤務制度を利用したりしている期間と重なるため、スキルや経験が積みにくい時期です。

女性社員がこの時期を乗り越えて成長するためには「仕事を免除する」ための制度ではなく、「仕事を継続する」ための制度の充実に力を注ぐ必要があります。

そのため、育児休業制度や短時間勤務制度が利用できる期間が長ければ長いほどよい、という考え方は、仕事の免除を助長しているともとれ、女性の活躍を阻害する可能性があります。むしろ、短時間勤務制度の柔軟な運用、半日単位・時間単位の有給休暇、看護休暇、在宅勤務、事業所内保育所と事業所近くの社宅、自動車通勤の許可など、子育てしながらでも経験を積み、成果を出しやすい制度を充実していくべきでしょう。

・人材育成の工夫

企業で行われる管理職・役員候補のためのリーダーシップ育成の機会（選抜型研修など）において、女性の参加者が少ないことが問題です。私が課長職の頃、選抜研修に参加した上司が「参加者に女性が一人もいなかった。外部講師に、男性ばかりなんておかしいと思いませんか?と指摘され恥ずかしかった」と話してくれました。ほどなくして、その研修への出席を命じられ、上司に感謝したことを思い出します。子どもが7歳、5歳で泊まりがけの研修は厳しいものがありましたが、機会を与えられたのだから何とかしようという気持ちのほうが強く、家族の協力を得て参加しました。同じく育児中の女性で一度目の打診では家族との調整がつかなかった人にも何度もチャンスが与えられ、最終的には彼女も受講することができました。

女性の出産年齢の平均が30歳を超えた現在、出産までに能力を発揮していた女性社員は復職してもその能力が衰えるわけではありません。しかし管理職になるためには能力だけでなく知識や実績が必要です。会社が本人に対して期待していることを伝え、研修や経験の機会を与えることが大切なのです。

・女性自身の意識改革促進

出産を経ても就業意欲が高く、仕事で成果を出す女性は増えていますが、管理職を目指すより専門性を磨いていきたい、といった理由で管理職を避ける傾向が見られます。これは、女性はもともとそういう傾向があるのに加え、女性の管理職が身近にいないため、子育てしながら管理職を務めるというイメージが湧かないことが原因と思われます。この対策としては、社内で女性管理職のロールモデルを積極的に社員に見せたり、社内で難しい場合は系列の企業同士で連携したり、企業を超えた女性のグループの法人会員になったり、会社で選抜した社員を社外の研修に参加させたりするのも効果的です。

・女性活躍推進法の利用

女性活躍推進法は次の3項目を基本原則としています。

- 女性に対する採用、昇進等の機会の積極的な提供及びその活用と、性別による固定的役割分担等を反映した職場慣行が及ぼす影響への配慮が行われること
- 職業生活と家庭生活との両立を図るために必要な環境の整備により、職業生活と家庭生

活との円滑かつ継続的な両立を可能にすること
•女性の職業生活と家庭生活との両立に関し、本人の意思が尊重されるべきこと
これにより、国や地方公共団体、民間事業主は2016年4月から以下の事項を実施することになります。（労働者が300人以下の民間事業主については努力義務）
•女性の活躍に関する状況の把握、改善すべき事情についての分析
【参考】状況把握する事項：①女性採用比率　②勤続年数男女差　③労働時間の状況
④女性管理職比率等
•上記の状況把握・分析を踏まえ、定量的目標や取組内容などを内容とする「事業主行動計画」の策定・公表等（取組実施・目標達成は努力義務）
•女性の活躍に関する情報の公表（省令で定める事項のうち、事業主が選択して公表）
この法律により、女性が活躍している職場なのかが数字で把握できるようになり、就職、転職の際の判断材料になります。優秀な人材を採用したい企業が女性活躍のために今まで以上に取組みを加速することが期待できます。
法に沿った現状把握、分析を行い、課題を提案してくれる「行動計画策定支援ツール」が厚生労働省から提供されています（189ページ参照）。女性社員のキャリア形成のための職場の課題や取組みの方向を知ることができますので、ぜひ利用してみましょう。

■女性活躍推進法とは

女性の個性と能力を職業生活において十分発揮できる社会の実現を目的として平成27年８月28日に制定されました。

これにより国、地方公共団体、民間事業主（一般事業主）は各々平成37年までの10年間に集中的かつ計画的に取組む必要があります。

法では、常時雇用する労働者数301人以上の企業は、女性の活躍に関する現状把握・課題分析とこれらを踏まえた一般事業主行動計画の策定・社内周知･公表･届出、女性の活躍に関する情報の公表が義務とされています。

次世代育成支援対策推進法は仕事と子育て社員の両立支援を目的としていますが、女性活躍推進法では、子育てしている社員のみならず、正規も非正規も含み、あらゆる働く女性が支援の対象となっています。

企業は、働く女性の継続就労や育成、管理職登用などを視野に入れて、職場での男女格差をなくしていくことが必要です。

現状分析をしっかり行い、女性活躍のための有効な計画を作ることと、女性活躍の現状の数値を誰もが見られるようにすることで、女性活躍の促進を図ることを目的としています。

一般事業主が実施すべき事項

【STEP 1】状況把握・課題分析

以下の４項目については必須
- 採用労働者に占める女性労働者の割合
- 男女の平均継続勤続年数の差異
- 労働者の各月ごとの平均残業時間数等の労働時間の状況
- 管理職に占める女性労働者の割合

※他に任意で把握分析する項目が21項目

【STEP2】一般事業主行動計画の策定

STEP 1を踏まえた上で次の事項を実施
①行動計画の策定
②労働者への周知
③外部への公表
④一般事業主行動計画策定届を労働局へ届出

【STEP3】女性の活躍に関する情報公表

おおむね年１回以上、指針別紙3に示された女性活躍に関する項目から任意に選んで、情報を公表する

※公表は自社ホームーページや国が運営する「女性活躍・両立支援総合サイト」などを利用し、求職者が容易に閲覧できるように行うことが必要です

「女性活躍の情報公表項目」

(区)＝雇用管理区分ごとに公表（典型例：一般職／総合職／パート）
(派)＝派遣先事業主においては派遣労働者も含めて公表

情報公表項目
採用した労働者に占める女性労働者の割合（区）
男女別の採用における競争倍率（区）
労働者に占める女性労働者の割合（区）（派）
男女の平均継続勤続年数の差異
10事業年度前及びその前後の事業年度に採用された労働者の男女別の継続雇用割合
男女別の育児休業取得率（区）
労働者の一月当たりの平均残業時間
雇用管理区分ごとの労働者の一月当たりの平均残業時間（区）（派）
有給休暇取得率
係長級にある者に占める女性労働者の割合
管理職に占める女性労働者の割合
役員に占める女性の割合
男女別の職種又は雇用形態の転換実績（区）（派：雇入れの実績）
男女別の再雇用又は中途採用の実績

「女性活躍推進法に基づく事業主行動計画策定指針」別紙３より

行動計画策定支援ツールによる現状把握

厚生労働省提供のツールを利用すると、法に沿った現状把握、分析ができます。自社に近いタイプごとに、課題がわかり、行動計画の目標・取組み内容について参考となる情報を提供してくれます。

	タイプの特徴	特徴や課題
タイプ1	女性の採用・就業継続はできているが、管理職が少ない企業	採用女性割合が高く、就業継続も進んでいるが、管理職割合は低い。両立支援環境は整っているが、女性の配属・役割・評価等に問題があり、女性がキャリアアップできていないのではないか
タイプ2	女性の採用はできているが、就業継続が困難で、管理職が少ない企業	採用女性割合は高いが、両立支援環境や職場風土、労働時間等に問題があり、就業継続が困難となり、その結果、管理職への登用も進んでいないのではないか
タイプ3	女性の採用や管理職は多いが、就業継続が困難な企業	管理職割合が高い理由が、採用女性割合が著しく高いためで、女性が多数派の企業でありながら職場のマネジメントは男性中心となっていないか
タイプ4	女性の採用が少ない企業	管理職割合が高い理由が、採用女性割合が著しく高いためで、女性が多数派の企業でありながら職場のマネジメントは男性中心となっていないか
タイプ5	女性が少なく女性活躍が進んでいない企業	女性がほとんど活躍できていない（あるいは一部の女性のみが活躍している）。社内に女性に適した仕事が少ないという認識があり、両立支援環境が整っていない、長時間労働を前提とした働き方になっている等、女性を受け入れる環境が整っていないのではないか
タイプ6	女性の活躍が比較的進んでいる企業	採用女性割合が高く、就業継続もできており、管理職割合も高い。男女間の賃金格差や女性役員割合等、さらなる女性活躍推進に向けて課題はみられないか

※行動計画策定支援ツールはこちらからダウンロードができます。
http://www.mhlw.go.jp/stf/seisakunitsuite/bunya/0000091025.html

労働基準法・男女雇用機会均等法・育児介護休業法を遵守しましょう

会社として対応できていますか？

妊娠、出産、育児に関連したトラブルが起きてしまわないように、以下の項目ができていれば☑をしましょう。できていない場合にはすべてにチェックがつくように周知徹底しましょう。

- □ 妊娠中の女性が請求した場合、他の軽易な業務に就かせたり、休憩時間を取らせるなどの配慮をしていますか？
- □ 女性労働者の結婚、妊娠、出産を理由に解雇したり雇止めにしていませんか？
- □ 本人の希望を聞かないで、育児休業からの復帰後はパートにしたり、時給制にしたりしていませんか？
- □ 就学前までの子の病気や予防接種等で子の看護休暇の申出があった時に応じていますか？
- □ 配偶者が専業主婦である男性労働者から育児休業、育児短時間勤務、子の看護休暇等の請求があった時にも応じていますか？
- □ 労働者から「育児休業申出書」を書面でもらっていますか？ またその労働者に「育児休業取扱い通知書」を渡していますか？
- □ 年次有給休暇の付与の算定時、産前産後休業期間や育児休業期間を出勤日としてカウントしていますか？
- □ 育児休業からの復帰後は元の業務に就かせていますか？ 就かせていない場合には本人の意見を聞いたうえで変更していますか？
- □ 転勤を命じる時には、業務上の必要性と家族の状況を考慮したうえで行っていますか？
- □ 賞与算定期間中に就業していた期間があるにもかかわらず、育児休業期間があるということで賞与を不支給にしていませんか？

7章

育休後からの
キャリアアップ

フルキャリという生き方

子育てしながら働く女性のタイプについて、キャリアを重視する「バリキャリ」子育てを重視する「ゆるキャリ」という言い方がよく使われています。

ここに「フルキャリ」※という新しいことばが持ちこまれ、注目されています。

※　ＮＲＩニュースレター　２０１５年10月号　vol.１５６（http://www.nri.com/jp/publicity/n_letter/2015/nl201510.html）

「フルキャリ」とは、仕事も子育ても大切にしたいと考える女性の生き方です。

今や、出産して復職する女性社員に対して、企業がこれからも活躍してほしい、というメッセージを伝える時代です。女性たちも、単に仕事を続けたいと考えているだけでなく、限られた時間の中で効率を上げて働き、組織に貢献したいと考えています。

一方、男性にも育児に関わる人が増えてきて、二人で仲良く子育てを楽しみたい、親に任せきりにはしたくない、と考える夫婦が一般的になっています。両立支援制度を上手に使って納得のいくような子育てをしたいと考えているのです。

こういった「フルキャリ」が働く母親の多数派になりつつありますが、多数派であるということは自分にぴったりのお手本が見つかるとは限らない、ということになります。すなわち家事や育児のこだわりポイントについても、キャリアへの意識についても、自分にとって一番大切なポイントは何なのかをよく考えて、より満足度が高いライフスタイルを模索していくというプロセスが必要になってきます。

フルキャリは実に多様な選択が可能な生き方です。ルールは一つ、自分の好きな方法を選択し、その結果に自分で責任を持つこと。女性にもやっと、自分らしく働きながら子育てできる時代が来ました。多いに楽しみましょう。

ここからは一人旅

アメリカの大学に留学していたとき教室を見て驚いたのが、学生の年齢の幅が大きいことでした。日本でも、ときどき60代や70代が若い学生に混じって大学を卒業したりすることがニュースになりますが、それとは違います。20代後半、30代、40代といった年代の学生が普通にいるのです。

これに比べて、日本の大学生はなんと画一的なことでしょう。日本の学校教育では飛び級がほとんどありませんし、高校や大学で留年や浪人があってもせいぜい一年か二年です。社会に出てから大学に戻るケースも稀です。それがそのまま会社に入りますから、非常に年齢の近い集団が同期入社となり、入社から数年間は横並びでキャリアを積んでいきます。

しかし、女性の場合結婚や出産をしてからは横並び状態が崩れていきます。ほとんどの男性は結婚や出産で自分の働く条件を変えようとは考えないため、そのしわ寄せを女性が受けるのです。結婚した相手の転勤や海外赴任で女性が仕事をやめたり、社内でも同じ部署に夫婦がいてはいけないという理由で女性が異動させられたりすることがこれまで多くありました。出産に至っては、出産年齢、子どもの数、住む地域や家族の状況などに影響される子育て環境が大きく異なってくるため、同じ女性の同期でも一人ひとりがわが道を行く状態になります。

これはちょうど、マラソンに似ていると思いました。マラソン大会では最初は一斉にスタートしますが、20キロ、30キロを過ぎると集団がばらけて、自分の周りには誰も走っていない状態になります。その状態を「一人旅」と言います。出産後の女性のキャリアはこの一人旅のようなものではないでしょうか。目に見える範囲には誰もいないので、自分でペースを作りながら走り続けるしかない。自分自身と対話しながら、ペースを上げるか、落とすか、維持するか。ドリンクを取るか取らないか、誰にも頼らず判断して走り続けていくのです。

ロールモデル思考法

育児と仕事との両立がだいぶ軌道にのってきて、仕事上でのチャレンジやスキルアップに対して意欲が出てきたとき、気になるのは社内で同じように育児をしながら活躍している女性がいるかどうかです。

子育てしながら働いている女性たちと将来のキャリアについて話していると、「うちの会社にはロールモデルがいない」とか、「同じ職種ではロールモデルがいない」とか、すぐにロールモデルという言葉が出てきますが、ここではちょっと違った意味でこの言葉を使います。

ロールモデル思考法とは、梅田望夫著『ウェブ時代をゆく』（ちくま新書）で紹介されている考え方です。

一言で言うと、「好き」を見つけて育てるための思考法です。とは言っても自分の好きなことは何か、自分は何に向いているのか、という問いを自分に向かって問い続けることには限界があります。その代わり、外界の膨大な情報に身をさらし、直感でこれはいいな、と思えるようなロールモデル（お手本）を選び続けていくというものです。

たった一人の人物をロールモデルとして選び妄信するのではなく、

「ある人の生き方のある部分」
「ある仕事に流れるこんな時間」
「誰かの時間の使い方」
「誰かの生活の場面」

など、人生のありとあらゆる場面に関するたくさんの情報から、自分と波長の合うロールモデルを丁寧に収集するのです。

具体的には、「ある対象に惹かれた」という直感にこだわり、その対象をロールモデルとして外部に設定します。そしてなぜ自分がその対象に惹かれたかを考え続けます。それを繰り返していくと、たくさんのロールモデルを発見することが、すなわち自分を見つけることなのだとだんだんわかってきます。自分の志向性についてあいまいだったことが、多様なロールモデルの相対として、外側の世界からはっきりとした形で顕れてくるのです。

例えば、私がイチロー選手に惹かれたとします。このとき、もし私が小学生でリトルリーグの選手だったとしたら、イチロー選手の打者としての成績や、抜群の守備にあこがれたことが理由に違いありません。でも野球とのかかわりが少ない、今の私がイチロー選手に惹かれたとしたらなぜでしょう。それを考え続けてみるのです。

するとそれは、毎日自分のコンディションをベストの状態に持って行くために、同じものを食べ、同じように球場入りし、同じようにウォーミングアップし、同じようにバッターボックスに入るという一連のルーチンを繰り返すストイックなところが、自分の理想と重なるからだ、と思い当たるかもしれません。

また、イチロー選手もダルビッシュ選手も好きだ、という場合、自分が優位に立てる日本のプロ野球からあえて離れ、未知の大リーグで自分の力を試すチャレンジャーであるところに惹かれているのかもしれません。

このように、ロールモデル思考法ではどんな人あるいは情景でも自分を映す鏡になります。そしてそれは時間とともに変化してもよいのです。

今は育児と仕事のことで頭がいっぱいで、自分が10年後どんな風になっていたいかがよくわからないという人も、身の回りの人や有名人に惹かれたときに、なぜ自分はこの人に惹かれるのか、ということを一歩踏み込んで考えてみましょう。そこにあなたの好きなこと、譲れないことが顕れているのだとしたら？　見えたものを大事にしながら次の一歩を踏み出してみると、なりたい自分の姿が次第にはっきりしてくるはずです。それを繰り返していると、いつのまにかあなた自身が周りから「あの人が私のロールモデル！」と言われているかもしれません。

自分がロールモデル的な立場のとき

社内で育児をしながら働いている先輩女性社員がいない場合、自分自身がロールモデル的な役割を担う必要があることに気づくでしょう。そのとき、どうしたらよいでしょうか。

私が管理職になったのは子どもが3歳と1歳のときでした。そのとき、他部署の管理職が育児中の女性社員との面談で「山口さんみたいに頑張れ」というようなことを言ったそうです。それを聞いて、当時の私はちょっと荷が重いなと思いました。

こう注目されてしまっては、成果を出さないわけにはいかないし、かといって頑張りすぎると今度は女性たちから「あんな働き方は無理」と別格扱いされてしまいます。その頃から「自分はロールモデルなんだ」ということを強く意識するようになりました。

たぶん、育児中の女性を部下に持つ上司は、この人たちをどう育てていけばよいのか、と暗中模索状態だったのだと思います。そこにちょうど私という見本があったので、とりあえずそれを見習ったらどうなの？　とある意味目標設定をロールモデル側に委ねる形で部下を励ましていたのでしょう。今となってはよく理解できます。

しかし、当時はそこまで気がまわりません。結果的にはロールモデルとしてのあり方を追求することはあえてしませんでした。もともと仕事があるだけでもありがたいと思っていた時期だったので、元気よく働く、やめない、ということだけに集中したのです。その代わり、会社の総務部門や仲間の男性管理職には「両立で悩んでいる女性社員がいたらいつでも私が話を聞くので声をかけてください」と言い、悩める後輩女性の相談を引き受けるようになりました。

同じような立場にいる人に言いたいのは、人目を気にするよりは自分にとっての理想の働き方、理想のワーク・ライフ・バランスを追求してほしい、ということです。この章の最初で、育児と仕事の両立は一人旅のランナーと同じと言いました。大事なことはそれぞれのランナーが自分の体調や今走っている道の凹凸、傾斜に合わせて柔軟に走り方を変えられるということであり、それが結果的に多様な働き方を互いに認め合える職場につながります。

同期の昇進・昇格が気になる

育児休業や短時間勤務で働いている間に、昇給や昇格が見送られた、後輩に抜かれた、同期に差を付けられた、といったことを不満に思う人は少なくありません。妊娠する前は同期の中でも順調に階級が上がっていたのに、ショックです、という話をよく聞きます。そのくやしさは、よくわかります。

それでもなお、同期と比べて自分の出世が遅れてくやしい、後輩の女性に役職で抜かれてくやしい、という気持ちを持つことをおかしいとは思いませんし、むしろそれだけ自分の仕事に自信を持っているということは賞賛に値します。ではその無念さとどう向き合い、挽回していけばよいのでしょうか。

ある会社で短時間勤務制度利用者は昇給・昇格の対象にしないと言われた人がいます。中には短時間勤務制度を利用しながら管理職に昇格したという人もいますが、残念ながらそこまでできる会社はめずらしいです。現状では短時間勤務から通常勤務に戻したほうが、社内での業績評価にはプラスに働くでしょう。

さらに、ステップアップを目指していることを上司に知ってもらうことが必要です。（育児中の）女性社員は昇進・昇格を望んでいないと信じている管理職はたくさんいます。これだけやる気を見せているのだから自分の気持ちは通じているに違いないと思うかもしれませんが、女性が管理職になるというオプションが頭にない人には、部下の誰かを推薦するという機会があっても女性の名前は思い浮かびません。日頃のアピールが重要です。

そうは言っても育児をしながら仕事を続けている場合、どうしても仕事や勉強にかける時間が犠牲になることは否定できません。それを認めた上で、同期入社の仲間と自分を比べることをやめてみましょう。3歳違いの二人の子どもを育てたとして、上の子が産まれてから下の子が小学校へ入るまで、約10年が経過しています。この10年はキャリアアップやスキルアップのスピードがどうしても鈍かったはずです。そこで、その時点で自分の年齢から10を引いてみてください。40歳だった人は30歳に。50歳だった人は40歳に。10引いたあとの年齢になりきって、職場にいるその年齢の人と同じ気持ちであらたなチャレンジをしてみてはいかがでしょうか。もう一度、その年齢からやり直すのです。30なら、あるいは40なら、まだまだこんなこともあんなことも身につけていかなくてはいけないし、引っ込んでいる場合ではありません。第一線で先頭に立ってやるべきことが見つかってくるでしょう。

子どもがいても転職はできる?

個別に相談を受ける中で多いのは、転職したいと考えているがどう思うか、というものです。一般的には、多少不満はあったとしても慣れ親しんだ職場のほうが育児しながら仕事を続けるにはリスクが少ないと考えており、そうアドバイスしています。

一番心配なことは、新しい職場での拘束時間が長くて保育園の送り迎えができなくなったり生活が回らなくなったりすることです。転職活動をする中で、子どもがいることを理解してもらった上で応募が可能になるわけですが、さらにワーク・ライフ・バランスまで配慮してもらえるかというと、それは非常に難しいからです。採用時には「いいですよ」と言われても配属先では難しい場合もあり、新しく入った職場で自分の状況を理解してもらうためにはかなりの努力が必要になります。

一方、相談者に詳しい事情を聞いてみると、これは転職したほうがよいかもしれないと思うケースもあります。例えば次のようなケースです。

- 転職先から誘われた
- 今の職場でリストラが予見できる
- パートナーの転勤が決まった
- やりたいことが明確である
- 今の職場の処遇が劣悪

こういった場合には転職もよいでしょう。組織で働いてきた人はともすると「自分には専門性がない」と思い込み、人材としての価値を低く考えがちですがそんなことはありません。マザーズハローワークに行ったり、転職について書かれた本や雑誌を見たり、転職エージェントに相談したりして、自分を正しく評価し、自信を持って転職活動に臨んでください。前にも述べた通り、子育てしやすい職場という制限をかけてしまうと採用先が限られてしまいます。配属されてからの職場とのコミュニケーションで、理想の待遇がえられるように努力しましょう。

スキルアップを再び

育児休業から仕事に復帰した人と数多く話をしていると、「子育てが落ち着いてきたので、仕事のためのスキルアップをしたいが、何から手をつけていいかわからない」という相談を受けることがあります。思えば復職して数年間は、やらなければいけないことをやるだけで一日が終わっていました。いえ、正直に言うと、やらなければならないことすらボロボロと取りこぼし、それを拾う間もなく前だけを向いて走り続ける毎日で、勉強など無理な話でした。しかし、子どもの手が離れてくると、少しずつ余裕が出てきます。遅くとも一番下の子が小学校に上がる頃には、これまであきらめてきたスキルアップのための時間が取れるようになってきます。

スキルアップへの取組みで一番はじめやすいのは資格取得の勉強です。自分の仕事に関係したり、将来の夢につながったりする資格試験に挑戦してみましょう。これという資格がないという場合は、語学やパソコンスキルに関するものは無駄にならないのでお勧めです。目標を立て、計画的に勉強をする習慣をつけることが自信につながりますので、結果がどうなるかを気にするよりもまず、はじめることです。

次に、情報収集も大切です。子育てに忙しい期間は仕事関係の情報収集が十分とは言えなかったでしょう。その分を取り戻すには、分野を決めて最新情報を収集する必要があります。職場で定期購読している業界の雑誌や新聞、または大きな書店に並んでいる専門誌やビジネス雑誌の中から定期的に読むものを決め、常に最新情報に触れるようにします。

メールマガジンを購読するのもよいでしょう。新製品/新サービスだけでなくセミナーなどの情報が得られます。重要な社外イベントには、あとで報告会を開催することを条件に出張扱いで出席させてもらいましょう。企画系の仕事をしていれば、特定のテーマについて「手っ取り早く専門家になりたい」ということがあるでしょう。そんなときはそのテーマの本を10冊以上一気に読むことも有効な手段の一つです。

いつでもどこでも手軽に情報収集や勉強をするためには、スマートフォンのアプリを使うのが便利です。どんどん新しいものが出てきますので、上手に活用しましょう。

人の意識が変わる一番大きなきっかけは実際に人と会って話をすることです。そこで、平日のランチの時間を有効活用し、週一回、月一回でもいいのでいつもと違う誰かと食べてみませんか。社内、社外は問いません。社内の育児仲間とのつながりを作るのも大切です。職場では少数派でも、仲間がいると何かあったときに心強いです。自分がお世話になった分、これから親になる人たちへお返し（恩送り）することも意識しましょう。

ツイッターやフェイスブックでは朝会（出勤前の勉強会）や週末の勉強会の案内が数多く見られます。そこに参加して他社、異業種の人と交流することで自分の仕事やスキルを客観的に見ることが可能になります。

育休後にはじめるスキルアップは、出産前に比べ、限られた時間に学びたいという意識から目的が明確になりやすく、効果も期待できます。勉強の過程で必要に応じて軌道修正しながら継続していきましょう。その先には本当になりたい自分が待っているに違いありません。

管理職になるということ

育児休業を終えて職場に戻った人たちと話していると、自分は管理職で部下がいる、という人も少なからずいます。いつも部下より先に帰宅することになり、部下に仕事の引継ぎを依頼するのが心苦しく感じるという声も聞かれます。

私自身は子どもが3歳、1歳のときに課長になりました。自分が設定した会議に子どもの病気で出られなくなったり、急ぎの仕事があっても帰らなければならず、添い寝で「寝落ち」

したあと夜中に目を覚ましてPCに向かったりしていました。変な時間にメールが来るね、と言われて恥ずかしい思いをしたのを思い出します。

しかし、大変なことだけではありませんでした。課長にはトップダウンの情報が一般社員とは比べものにならないほど入ってきたので、意思決定の時間が早くなり、仕事の優先順位づけもすばやくできるようになりました。アサインされた仕事が10あってもそのうち大事なのは3、他はやらなくてもいい、といったような割り切りが、独りよがりではなく正しくできるようになったのです。

その経験から、時間に制限のある管理職が覚えておくべきことをまとめてみました。

- 課長が行うべき仕事に注力

(例) 経営に関する情報伝達、他部署との交渉、プロジェクトの進捗状況の把握

- 部下の状況に気を配る

(例) 問題のある部下、自分が早く帰ることで負担をかけている部下とは、個別に時間をとってじっくり話してみる

- 上司(部長)に自分の仕事で足りない部分はどこか指摘してもらう
- 直属の上司以外の、部長以上の職位で信頼できる人にメンターになってもらう

ぜひ、できることからはじめてみましょう。

２０１６年４月から施行される、『女性活躍推進法』では、企業に対し女性管理職率などの数字を情報開示させる方向で具体化を進めています。これを受けて企業では女性のキャリア形成にさらに力を入れていくことでしょう。そんな中で、子育てしながら課長職を続けている女性の存在は会社にとってとても貴重です。いくらお金を払ってもよそからそういう人を買ってくることはできない。会社にとっても社員にとっても「ママ管理職」はかけがえのない存在なのです。

今感じているつらいこと、楽しいことを周りの人や後輩の社員にきちんと伝えて、働きやすい環境を整えていく。その報酬も給料の中に含まれていると思って頑張ってください。

8章

育休後社員を支える社会のあり方

これまで、育休後に働く社員、会社はどうあるべきかを述べてきましたが、それを支える社会基盤にも改善すべき点があります。

保育園の充実

都市部では待機児童の解消のため、急ピッチで保育園が作られていますが、それが結果的に潜在的な求職者をも顕在化させているため次から次へと作っても足りないという状況が発生しています。調査によれば、待機児童が多い都道府県ほど就業継続率が低い、という相関関係があることが明らかになっています。

1歳で認可保育園に入れるためには、0歳のときから無認可園に預けて実績を作っておいたほうが入りやすい、そのため本当は育児休業を1年とるつもりだったが泣く泣く切り上げた、という話を聞きます。

また、きょうだいが同じ保育園に入れないため、通勤時間に二つの保育園をはしごして職場に向かっている人もいます。こういったエネルギーは何も産み出さない、誰の得にもならないことなのに、当事者は黙々とそれにしたがっている状況です。女性の労働力を増やすことで経済を活性化するというなら、都市部での保育園の充実は国や地方自治体が真っ先に取り組むべき課題です。一刻も早く、希望者全員が保育園に入れるようにすることが急務です。

学童保育の充実

保育園を卒園した子どもたちが、小学生になって放課後を過ごす学童保育は、量、質ともに十分とは言えません。子どもが小学校へ入るタイミングで仕事をやめざるを得ない人もいるほどです。学童保育の利用児童数は約93万人（105ページ：図10参照）ですが、この3倍必要と言われています。また、質の面でも国の基準が数はまったく足りていません。施設の広さ、設備、指導員の資格などの基準も決められていないため劣悪な条件の施設が存在するのが実情です。小学生の子どもを安心して預けられるシステムを確立することが必要です。

女子学生へのキャリア教育

大学生の就職内定率を見ると、文系より理系の方が4ポイント程度上回っています（平成27年度大学等卒業予定者の就職内定状況調査（10月1日現在））。ところが、理系の女子学生は増えているとはいえまだまだ少ないのが現状です。中学生、高校生の時代から、得意不得意とは関係なく女子は理系を避ける風潮が見受けられます。結婚、出産を経ても長く働き続けるために、中学、高校教育の場で理系の仕事について紹介し、選択肢の幅を広げる必要があります。

また、就職活動を控えた大学生に対して、ライフイベントがあっても働き続けることが可能であること、社会のあらゆるところで女性の先輩がそれぞれのやり方で働き続けていることを認識させることが有効です。会社を選ぶときに、くるみんマークをとっているから働きやすいだろう、ということではなく、自分のやりたい仕事ができるところを選び、その場所で自分の働きやすい環境を少しずつ作っていくという覚悟が必要なことを伝えることが重要です。

社会全体の意識改革

1970年代に、「わたし作る人、ぼく食べる人」というテレビCMが男女の固定的役割分担を助長するということで物議をかもしたことがありましたが、いまだにメディアではそういった固定観念を押し付けるかのような表現がまかり通っています。女性も男性も仕事をし、育児をし、家事をする社会にしていかなければ立ち行かなくなっているのなら、メディアは率先して旧態依然とした表現を排除し、あるべき社会像を先頭にたって見せてほしいものです。

また、それを監視することが私たち市民の役割でもあります。高齢化が進み、働き手が急速に減少するこれからの日本の社会を、皆で支えていこうとしなければ、子どもたちの将来は暗いものになっていくことでしょう。一人ひとりが家庭責任と社会的責任の両方を担って、主体的に行動することが今求められていることではないでしょうか。

おわりに

２０１０年に育休後コンサルタントとして独立したとき、私の問題意識は「能力も意欲もある社員が、育児をしているというだけで十分に能力を発揮できない状況にある。これは会社としてリソースの無駄遣いであり、本人にとっても働きがいを感じられず不幸である。これを解決したい」というものでした。

企業における問題解決に取り組みはじめ、一方では両立に悩む社員が本音で話せる場を提供してきました。その結果、両者の相互理解が不足していることが問題であり、解決にはポイントを押さえたきめ細かいコミュニケーションが必要であると確信するに至りました。

この本がうまれるきっかけを作ってくれたＮＰＯ法人ファザーリング・ジャパン代表（当時）の吉田大樹さん、労働調査会の蓮沼寿恵さん、共著者で社会保険労務士の新田香織さんにはとても感謝しています。育休後カフェに参加してくださったたくさんの働くママ・パパたちには、両立の悩みを率直にお話いただきました。お礼を申し上げます。

また、ツイッターを通じて仕事と育児の両立に関してつぶやいてくれた皆さんには、本を書くためのヒントを沢山もらいました。中でも行動力のある何人かのメンバーには交流会の企画などで協力していただき、常に後押しをしていただきました。ありがとうございます。

そしてなんといっても家族は私の心の支えです。一歩ずつ自立への道を歩いている子どもたち、いつもありがとう、そして母の至らないところをどうか許してください。

今後は育休後の人たちに加えて、これからライフイベントを迎えようとしている20代後半から30代の女性社員に対して、何があっても自分さえ望めば働き続けることができる、という確信を持ってもらうためのプログラムに力を入れていきます。結婚、出産、家族の転勤といった予測不能なライフイベントについて思い悩むことなく今取り組んでいる仕事に集中すること、それが結果的に未来の自分の選択肢を広げる、と伝えたいのです。

育児と仕事の両立が当たり前の社会を目指して、これからも企業と個人に向けてさまざまな働きかけをしていきたいと思っています。

山口　理栄

＊　＊

この本の執筆依頼を山口さんと出版社から受けたとき、自分自身の育休後を思い返しました。17年前、中小企業では育児休業の利用者がほとんどいなかった当時、私は軽い気持ちで育児休業を取得しました。復帰後、時間制約のある私への対応に会社は、困惑していました。

一方、私自身は相談できる先輩がいない、ロールモデルも近くにいない、仕事よりも育児のことで頭がいっぱいという状態であったため、周りが一切見えていませんでした。仕事よりも早く帰ることばかりを考える毎日でした。当然、周囲との不協和音が生じて孤立していき、居づらくなって、復帰後1年半で退職したという苦い経験があります。

しかしこの苦い経験があったからこそ、キャリアについて真剣に考えることができ、社会保険労務士として再出発することができました。

この本のタイトルである「さあ、育休後からはじめよう」はまさに、私自身の生き方と重なる部分があります。

出産・育児を契機に私のキャリアは大きく変わりました。そして、社会保険労務士の立場から、育児休業後の女性を支援したいと思いました。そのためには、制度が複雑できちんと理解されていない社会保障制度を伝えることも、私の大切な役目であると感じています。

最後に、主な著者である山口理栄さん、労働調査会の蓮沼寿恵さん、ＮＰＯ法人ファザーリング・ジャパン代表（当時）の吉田大樹さんのおかげで、執筆者として関われたことに心から感謝申し上げます。

新田　香織

改訂版　さあ、育休後からはじめよう
～働くママへの応援歌～

平成25年２月14日　初版発行
平成28年５月16日　改訂版発行
平成28年６月10日　改訂版２刷発行

著　者　山口 理栄、新田 香織
発行人　藤澤 直明
発行所　労働調査会
〒170-0004　東京都豊島区北大塚2-4-5
TEL　03-3915-6401（代表）
FAX　03-3918-8618
http://www.chosakai.co.jp/

ISBN978-4-86319-549-3-C0036

本書は労働調査会発行『労働基準広報』で2011～2012年まで連載していた「育休後社員が活躍できる組織づくり」、ジョブラボ［朝日新聞］で2012年４～８月まで連載していた「育休ママのキャリア教室」をもとに書き下ろしたものです。

著者プロフィール

山口理栄
育休後コンサルタント

1984年筑波大学情報学類卒業、総合電機メーカー入社。
ソフトウェア開発部署にてＯＳやミドルウェアといった
基幹系ソフトウェアプロダクトの設計、開発、企画、に従事。
2006年４月社内のＩＴ部門で発足した女性活躍推進プロジェクト
のリーダー（兼任）に就任。社内ロールモデルによるパネルディスカッション、メールマガジン発行、社内ＳＮＳ内コミュニティでの草の根ネットワーク作りなどの活動を通じ、ダイバーシティ・マネジメントの推進活動を行う。
2010年６月から現職、企業や自治体を対象とした女性活躍推進セミナーや管理職向けセミナー、ダイバーシティ推進施策に関するコンサルティング等を行う。

新田香織
特定社会保険労務士／キャリア・コンサルティング技能士２級

大学卒業後、化粧品卸会社、商社にて商品企画、店舗企画業務を経験。

育児休業後のキャリアに悩み、復帰１年半後に退社。

翌年、社会保険労務士試験合格。人事系アウトソーシング会社、個人社会保険労務士事務所の勤務を経て、2006年４月～2010年３月　厚生労働省東京労働局雇用均等室に非常勤職員として勤務。

次世代育成支援対策推進法担当となり、行動計画策定と認定のためのアドバイスを行う。

2010年４月から代表を務めるグラース社労士事務所を本稼働。

現在は、顧問先の手続き、労務管理業務全般を行うほか、セミナーや執筆活動を行う。港区のワーク・ライフ・バランス推進企業認定審査会委員、男女平等参画推進会議委員（学識経験者）、公益財団法人日本生産性本部認定キャリア・コンサルタント。

巻末資料

女性の職業生活における活躍の推進に関する法律

第一章　総則

（目的）

第一条　この法律は、近年、自らの意思によって職業生活を営み、又は営もうとする女性がその個性と能力を十分に発揮して職業生活において活躍すること（以下「女性の職業生活における活躍」という。）が一層重要となっていることに鑑み、男女共同参画社会基本法（平成十一年法律第七十八号）の基本理念にのっとり、女性の職業生活における活躍の推進について、その基本原則を定め、並びに国、地方公共団体及び事業主の責務を明らかにするとともに、基本方針及び事業主の行動計画の策定、女性の職業生活における活躍を推進するための支援措置等について定めることにより、女性の職業生活における活躍を迅速かつ重点的に推進し、もって男女の人権が尊重され、かつ、急速な少子高齢化の進展、国民の需要の多様化その他の社会経済情勢の変化に対応できる豊かで活力ある社会を実現することを目的とする。

（基本原則）

第二条　女性の職業生活における活躍の推進は、職業生活における活躍に係る男女間の格差の実情を踏まえ、自らの意思によって職業生活を営み、又は営もうとする女性に対する採用、教育訓練、昇進、職種及び雇用形態の変更その他の職業生活に関する機会の積極的な提供及びその活用を通じ、かつ、性別による固定的な役割分担等を反映した職場における慣行が女性の職業生活における活躍に対して及ぼす影響に配慮して、その個性と能力が十分に発揮できるようにすることを旨として、行われなければならない。

2　女性の職業生活における活躍の推進は、職業生活を営む女性が結婚、妊娠、出産、育児、介護その他の家庭生活に関する事由によりやむを得ず退職することが多いことその他の家庭生活に関する事由が職業生活に与える影響を踏まえ、家族を構成する男女が、男女の別を問わず、相互の協力と社会の支援の下に、育児、介護その他の家庭生活における活動について家族の一員としての役割を円滑に果たしつつ職業生活における活動を行うために必要な環境の整備等により、男女の職業生活と家庭生活との円滑かつ継続的な両立が可

能となることを旨として、行われなければならない。

3　女性の職業生活における活躍の推進に当たっては、女性の職業生活と家庭生活との両立に関し、本人の意思が尊重されるべきものであることに留意されなければならない。

（国及び地方公共団体の責務）

第三条　国及び地方公共団体は、前条に定める女性の職業生活における活躍の推進についての基本原則（次条及び第五条第一項において「基本原則」という。）にのっとり、女性の職業生活における活躍の推進に関して必要な施策を策定し、及びこれを実施しなければならない。

（事業主の責務）

第四条　事業主は、基本原則にのっとり、その雇用し、又は雇用しようとする女性労働者に対する職業生活に関する機会の積極的な提供、雇用する労働者の職業生活と家庭生活との両立に資する雇用環境の整備その他の女性の職業生活における活躍の推進に関する取組を自ら実施するよう努めるとともに、国又は地方公共団体が実施する女性の職業生活における活躍の推進に関する施策に協力しなければならない。

第二章　基本方針等

（基本方針）

第五条　政府は、基本原則にのっとり、女性の職業生活における活躍の推進に関する施策を総合的かつ一体的に実施するため、女性の職業生活における活躍の推進に関する基本方針（以下「基本方針」という。）を定めなければならない。

2　基本方針においては、次に掲げる事項を定めるものとする。

一　女性の職業生活における活躍の推進に関する基本的な方向

二　事業主が実施すべき女性の職業生活における活躍の推進に関する取組に関する基本的な事項

三　女性の職業生活における活躍の推進に関する施策に関する次に掲げる事項

イ　女性の職業生活における活躍を推進するための支援措置に関する事項

ロ　職業生活と家庭生活との両立を図るために必要な環境の整備に関する事項

ハ　その他女性の職業生活における活躍の推進に関する施策に関する重要事項

四　前三号に掲げるもののほか、女性の職業生活における活躍を推進するために必要な事項

3　内閣総理大臣は、基本方針の案を作成し、閣議の決定を求めなければならない。

4　内閣総理大臣は、前項の規定による閣議の決定があったときは、遅滞なく、基本方針を公表しなければならない。

5　前二項の規定は、基本方針の変更について準用する。

（都道府県推進計画等）

第六条　都道府県は、基本方針を勘案して、当該都道府県の区域内における女性の職業生活における活躍の推進に関する施策についての計画（以下この条において「都道府県推進計画」という。）を定めるよう努めるものとする。

2　市町村は、基本方針（都道府県推進計画が定められているときは、基本方針及び都道府県推進計画）を勘案して、当該市町村の区域内における女性の職業生活における活躍の推進に関する施策についての計画（次項において「市町村推進計画」という。）を定めるよう努めるものとする。

3　都道府県又は市町村は、都道府県推進計画又は市町村推進計画を定め、又は変更したときは、遅滞なく、これを公表しなければならない。

第三章　事業主行動計画等

第一節　事業主行動計画策定指針

第七条　内閣総理大臣、厚生労働大臣及び総務大臣は、事業主が女性の職業生活における活躍の推進に関する取組を総合的かつ効果的に実施することができるよう、基本方針に即して、次条第一項に規定する一般事業主行動計画及び第十五条第一項に規定する特定事業主行動計画（次項において「事業主行動計画」と総称する。）の策定に関する指針（以下「事業主行動計画策定指針」という。）を定めなければならない。

2　事業主行動計画策定指針においては、次に掲げる事項につき、事業主行動計画の指針となるべきものを定めるものとする。

一　事業主行動計画の策定に関する基本的な事項

二　女性の職業生活における活躍の推進に関する取組の内容に関する事項

三　その他女性の職業生活における活躍の推進に関する取組に関する重要事項

3　内閣総理大臣、厚生労働大臣及び総務大臣は、事業主行動計画策定指針を定め、又は変更したときは、遅滞なく、これを公表しなければならない。

第二節　一般事業主行動計画

(一般事業主行動計画の策定等)

第八条　国及び地方公共団体以外の事業主（以下「一般事業主」という。）であって、常時雇用する労働者の数が三百人を超えるものは、事業主行動計画策定指針に即して、一般事業主行動計画（一般事業主が実施する女性の職業生活における活躍の推進に関する取組に関する計画をいう。以下同じ。）を定め、厚生労働省令で定めるところにより、厚生労働大臣に届け出なければならない。これを変更したときも、同様とする。

2　一般事業主行動計画においては、次に掲げる事項を定めるものとする。

一　計画期間

二　女性の職業生活における活躍の推進に関する取組の実施により達成しようとする目標

三　実施しようとする女性の職業生活における活躍の推進に関する取組の内容及びその実施時期

3　第一項に規定する一般事業主は、一般事業主行動計画を定め、又は変更しようとするときは、厚生労働省令で定めるところにより、採用した労働者に占める女性労働者の割合、男女の継続勤務年数の差異、労働時間の状況、管理的地位にある労働者に占める女性労働者の割合その他のその事業における女性の職業生活における活躍に関する状況を把握し、女性の職業生活における活躍を推進するために改善すべき事情について分析した上で、その結果を勘案して、これを定めなければならない。この場合において、前項第二号の目標については、採用する労働者に占める女性労働者の割合、男女の継続勤務年数の差異の縮小の割合、労働時間、管理的地位にある労働者に占める女性労働者の割合その他の数値を用いて定量的に定めなければならない。

4　第一項に規定する一般事業主は、一般事業主行動計画を定め、又は変更したときは、厚生労働省令で定めるところにより、これを労働者に周知させるための措置を講じなければならない。

5　第一項に規定する一般事業主は、一般事業主行動計画を定め、又は変更し

たときは、厚生労働省令で定めるところにより、これを公表しなければならない。

6　第一項に規定する一般事業主は、一般事業主行動計画に基づく取組を実施するとともに、一般事業主行動計画に定められた目標を達成するよう努めなければならない。

7　一般事業主であって、常時雇用する労働者の数が三百人以下のものは、事業主行動計画策定指針に即して、一般事業主行動計画を定め、厚生労働省令で定めるところにより、厚生労働大臣に届け出るよう努めなければならない。これを変更したときも、同様とする。

8　第三項の規定は前項に規定する一般事業主が一般事業主行動計画を定め、又は変更しようとする場合について、第四項から第六項までの規定は前項に規定する一般事業主が一般事業主行動計画を定め、又は変更した場合について、それぞれ準用する。

(基準に適合する一般事業主の認定)

第九条　厚生労働大臣は、前条第一項又は第七項の規定による届出をした一般事業主からの申請に基づき、厚生労働省令で定めるところにより、当該事業主について、女性の職業生活における活躍の推進に関する取組に関し、当該取組の実施の状況が優良なものであることその他の厚生労働省令で定める基準に適合するものである旨の認定を行うことができる。

(認定一般事業主の表示等)

第十条　前条の認定を受けた一般事業主（次条及び第二十条第一項において「認定一般事業主」という。）は、商品、役務の提供の用に供する物、商品又は役務の広告又は取引に用いる書類若しくは通信その他の厚生労働省令で定めるもの（次項において「商品等」という。）に厚生労働大臣の定める表示を付することができる。

2　何人も、前項の規定による場合を除くほか、商品等に同項の表示又はこれと紛らわしい表示を付してはならない。

(認定の取消し)

第十一条　厚生労働大臣は、認定一般事業主が次の各号のいずれかに該当するときは、第九条の認定を取り消すことができる。

一　第九条に規定する基準に適合しなくなったと認めるとき。

二　この法律又はこの法律に基づく命令に違反したとき。

三　不正の手段により第九条の認定を受けたとき。

（委託募集の特例等）

第十二条　承認中小事業主団体の構成員である中小事業主（一般事業主であって、常時雇用する労働者の数が三百人以下のものをいう。以下この項及び次項において同じ。）が、当該承認中小事業主団体をして女性の職業生活における活躍の推進に関する取組の実施に関し必要な労働者の募集を行わせようとする場合において、当該承認中小事業主団体が当該募集に従事しようとするときは、職業安定法（昭和二十二年法律第百四十一号）第三十六条第一項及び第三項の規定は、当該構成員である中小事業主については、適用しない。

2　この条及び次条において「承認中小事業主団体」とは、事業協同組合、協同組合連合会その他の特別の法律により設立された組合若しくはその連合会であって厚生労働省令で定めるもの又は一般社団法人で中小事業主を直接又は間接の構成員とするもの（厚生労働省令で定める要件に該当するものに限る。）のうち、その構成員である中小事業主に対して女性の職業生活における活躍の推進に関する取組を実施するための人材確保に関する相談及び援助を行うものであって、その申請に基づいて、厚生労働大臣が、当該相談及び援助を適切に行うための厚生労働省令で定める基準に適合する旨の承認を行ったものをいう。

3　厚生労働大臣は、承認中小事業主団体が前項に規定する基準に適合しなくなったと認めるときは、同項の承認を取り消すことができる。

4　承認中小事業主団体は、第一項に規定する募集に従事しようとするときは、厚生労働省令で定めるところにより、募集時期、募集人員、募集地域その他の労働者の募集に関する事項で厚生労働省令で定めるものを厚生労働大臣に届け出なければならない。

5　職業安定法第三十七条第二項の規定は前項の規定による届出があった場合について、同法第五条の三第一項及び第三項、第五条の四、第三十九条、第四十一条第二項、第四十八条の三、第四十八条の四、第五十条第一項及び第二項並びに第五十一条の二の規定は前項の規定による届出をして労働者の募集に従事する者について、同法第四十条の規定は同項の規定による届出をして労働者の募集に従事する者に対する報酬の供与について、同法第五十条第三項及び第四項の規定はこの項において準用する同条第二項に規定する職権を行う場合について、それぞれ準用する。この場合において、同法第三十七

条第二項中「労働者の募集を行おうとする者」とあるのは「女性の職業生活における活躍の推進に関する法律第十二条第四項の規定による届出をして労働者の募集に従事しようとする者」と、同法第四十一条第二項中「当該労働者の募集の業務の廃止を命じ、又は期間」とあるのは「期間」と読み替えるものとする。

6　職業安定法第三十六条第二項及び第四十二条の二の規定の適用については、同法第三十六条第二項中「前項の」とあるのは「被用者以外の者をして労働者の募集に従事させようとする者がその被用者以外の者に与えようとする」と、同法第四十二条の二中「第三十九条に規定する募集受託者」とあるのは「女性の職業生活における活躍の推進に関する法律（平成二十七年法律第六十四号）第十二条第四項の規定による届出をして労働者の募集に従事する者」とする。

7　厚生労働大臣は、承認中小事業主団体に対し、第二項の相談及び援助の実施状況について報告を求めることができる。

第十三条　公共職業安定所は、前条第四項の規定による届出をして労働者の募集に従事する承認中小事業主団体に対して、雇用情報及び職業に関する調査研究の成果を提供し、かつ、これらに基づき当該募集の内容又は方法について指導することにより、当該募集の効果的かつ適切な実施を図るものとする。

(一般事業主に対する国の援助)

第十四条　国は、第八条第一項若しくは第七項の規定により一般事業主行動計画を策定しようとする一般事業主又はこれらの規定による届出をした一般事業主に対して、一般事業主行動計画の策定、労働者への周知若しくは公表又は一般事業主行動計画に基づく措置が円滑に実施されるように相談その他の援助の実施に努めるものとする。

第三節　特定事業主行動計画

第十五条　国及び地方公共団体の機関、それらの長又はそれらの職員で政令で定めるもの（以下「特定事業主」という。）は、政令で定めるところにより、事業主行動計画策定指針に即して、特定事業主行動計画

(特定事業主が実施する女性の職業生活における活躍の推進に関する取組に関する計画をいう。以下この条において同じ。）を定めなければならない。

2　特定事業主行動計画においては、次に掲げる事項を定めるものとする。

一　計画期間

二　女性の職業生活における活躍の推進に関する取組の実施により達成しようとする目標
三　実施しようとする女性の職業生活における活躍の推進に関する取組の内容及びその実施時期
3　特定事業主は、特定事業主行動計画を定め、又は変更しようとするときは、内閣府令で定めるところにより、採用した職員に占める女性職員の割合、男女の継続勤務年数の差異、勤務時間の状況、管理的地位にある職員に占める女性職員の割合その他のその事務及び事業における女性の職業生活における活躍に関する状況を把握し、女性の職業生活における活躍を推進するために改善すべき事情について分析した上で、その結果を勘案して、これを定めなければならない。この場合において、前項第二号の目標については、採用する職員に占める女性職員の割合、男女の継続勤務年数の差異の縮小の割合、勤務時間、管理的地位にある職員に占める女性職員の割合その他の数値を用いて定量的に定めなければならない。
4　特定事業主は、特定事業主行動計画を定め、又は変更したときは、遅滞なく、これを職員に周知させるための措置を講じなければならない。
5　特定事業主は、特定事業主行動計画を定め、又は変更したときは、遅滞なく、これを公表しなければならない。
6　特定事業主は、毎年少なくとも一回、特定事業主行動計画に基づく取組の実施の状況を公表しなければならない。
7　特定事業主は、特定事業主行動計画に基づく取組を実施するとともに、特定事業主行動計画に定められた目標を達成するよう努めなければならない。

第四節　女性の職業選択に資する情報の公表

(一般事業主による女性の職業選択に資する情報の公表)

第十六条　第八条第一項に規定する一般事業主は、厚生労働省令で定めるところにより、職業生活を営み、又は営もうとする女性の職業選択に資するよう、その事業における女性の職業生活における活躍に関する情報を定期的に公表しなければならない。
2　第八条第七項に規定する一般事業主は、厚生労働省令で定めるところにより、職業生活を営み、又は営もうとする女性の職業選択に資するよう、その事業における女性の職業生活における活躍に関する情報を定期的に公表するよう努めなければならない。

（特定事業主による女性の職業選択に資する情報の公表）

第十七条　特定事業主は、内閣府令で定めるところにより、職業生活を営み、又は営もうとする女性の職業選択に資するよう、その事務及び事業における女性の職業生活における活躍に関する情報を定期的に公表しなければならない。

第四章　女性の職業生活における活躍を推進するための支援措置

（職業指導等の措置等）

第十八条　国は、女性の職業生活における活躍を推進するため、職業指導、職業紹介、職業訓練、創業の支援その他の必要な措置を講ずるよう努めるものとする。

2　地方公共団体は、女性の職業生活における活躍を推進するため、前項の措置と相まって、職業生活を営み、又は営もうとする女性及びその家族その他の関係者からの相談に応じ、関係機関の紹介その他の情報の提供、助言その他の必要な措置を講ずるよう努めるものとする。

3　地方公共団体は、前項に規定する業務に係る事務の一部を、その事務を適切に実施することができるものとして内閣府令で定める基準に適合する者に委託することができる。

4　前項の規定による委託に係る事務に従事する者又は当該事務に従事していた者は、正当な理由なく、当該事務に関して知り得た秘密を漏らしてはならない。

（財政上の措置等）

第十九条　国は、女性の職業生活における活躍の推進に関する地方公共団体の施策を支援するために必要な財政上の措置その他の措置を講ずるよう努めるものとする。

（国等からの受注機会の増大）

第二十条　国は、女性の職業生活における活躍の推進に資するため、国及び公庫等（沖縄振興開発金融公庫その他の特別の法律によって設立された法人であって政令で定めるものをいう。）の役務又は物件の調達に関し、予算の適正な使用に留意しつつ、認定一般事業主その他の女性の職業生活における活躍に関する状況又は女性の職業生活における活躍の推進に関する取組の実施の状況が優良な一般事業主（次項において「認定一般事業主等」という。）

の受注の機会の増大その他の必要な施策を実施するものとする。

2　地方公共団体は、国の施策に準じて、認定一般事業主等の受注の機会の増大その他の必要な施策を実施するように努めるものとする。

（啓発活動）

第二十一条　国及び地方公共団体は、女性の職業生活における活躍の推進について、国民の関心と理解を深め、かつ、その協力を得るとともに、必要な啓発活動を行うものとする。

（情報の収集、整理及び提供）

第二十二条　国は、女性の職業生活における活躍の推進に関する取組に資するよう、国内外における女性の職業生活における活躍の状況及び当該取組に関する情報の収集、整理及び提供を行うものとする。

（協議会）

第二十三条　当該地方公共団体の区域において女性の職業生活における活躍の推進に関する事務及び事業を行う国及び地方公共団体の機関（以下この条において「関係機関」という。）は、第十八条第一項の規定により国が講ずる措置及び同条第二項の規定により地方公共団体が講ずる措置に係る事例その他の女性の職業生活における活躍の推進に有用な情報を活用することにより、当該区域において女性の職業生活における活躍の推進に関する取組が効果的かつ円滑に実施されるようにするため、関係機関により構成される協議会（以下「協議会」という。）を組織することができる。

2　協議会を組織する関係機関は、当該地方公共団体の区域内において第十八条第三項の規定による事務の委託がされている場合には、当該委託を受けた者を協議会の構成員として加えるものとする。

3　協議会を組織する関係機関は、必要があると認めるときは、協議会に次に掲げる者を構成員として加えることができる。

一　一般事業主の団体又はその連合団体

二　学識経験者

三　その他当該関係機関が必要と認める者

4　協議会は、関係機関及び前二項の構成員（以下この項において「関係機関等」という。）が相互の連絡を図ることにより、女性の職業生活における活躍の推進に有用な情報を共有し、関係機関等の連携の緊密化を図るとともに、地域の実情に応じた女性の職業生活における活躍の推進に関する取組に

ついて協議を行うものとする。

5　協議会が組織されたときは、当該地方公共団体は、内閣府令で定めるところにより、その旨を公表しなければならない。

（秘密保持義務）

第二十四条　協議会の事務に従事する者又は協議会の事務に従事していた者は、正当な理由なく、協議会の事務に関して知り得た秘密を漏らしてはならない。

（協議会の定める事項）

第二十五条　前二条に定めるもののほか、協議会の組織及び運営に関し必要な事項は、協議会が定める。

第五章　雑則

（報告の徴収並びに助言、指導及び勧告）

第二十六条　厚生労働大臣は、この法律の施行に関し必要があると認めるときは、第八条第一項に規定する一般事業主に対して、報告を求め、又は助言、指導若しくは勧告をすることができる。

（権限の委任）

第二十七条　第八条から第十二条まで及び前条に規定する厚生労働大臣の権限は、厚生労働省令で定めるところにより、その一部を都道府県労働局長に委任することができる。

（政令への委任）

第二十八条　この法律に定めるもののほか、この法律の実施のため必要な事項は、政令で定める。

第六章　罰則

第二十九条　第十二条第五項において準用する職業安定法第四十一条第二項の規定による業務の停止の命令に違反して、労働者の募集に従事した者は、一年以下の懲役又は百万円以下の罰金に処する。

第三十条　次の各号のいずれかに該当する者は、一年以下の懲役又は五十万円以下の罰金に処する。

一　第十八条第四項の規定に違反した者

二　第二十四条の規定に違反した者

第三十一条　次の各号のいずれかに該当する者は、六月以下の懲役又は三十万円以下の罰金に処する。

一　第十二条第四項の規定による届出をしないで、労働者の募集に従事した者

二　第十二条第五項において準用する職業安定法第三十七条第二項の規定による指示に従わなかった者

三　第十二条第五項において準用する職業安定法第三十九条又は第四十条の規定に違反した者

第三十二条　次の各号のいずれかに該当する者は、三十万円以下の罰金に処する。

一　第十条第二項の規定に違反した者

二　第十二条第五項において準用する職業安定法第五十条第一項の規定による報告をせず、又は虚偽の報告をした者

三　第十二条第五項において準用する職業安定法第五十条第二項の規定による立入り若しくは検査を拒み、妨げ、若しくは忌避し、又は質問に対して答弁をせず、若しくは虚偽の陳述をした者

第三十三条　法人の代表者又は法人若しくは人の代理人、使用人その他の従業者が、その法人又は人の業務に関し、第二十九条、第三十一条又は前条の違反行為をしたときは、行為者を罰するほか、その法人又は人に対しても、各本条の罰金刑を科する。

第三十四条　第二十六条の規定による報告をせず、又は虚偽の報告をした者は、二十万円以下の過料に処する。

附　則

（施行期日）

第一条　この法律は、公布の日から施行する。ただし、第三章（第七条を除く。）、第五章（第二十八条を除く。）及び第六章（第三十条を除く。）の規定並びに附則第五条の規定は、平成二十八年四月一日から施行する。

（この法律の失効）

第二条　この法律は、平成三十八年三月三十一日限り、その効力を失う。

2　第十八条第三項の規定による委託に係る事務に従事していた者の当該事務に関して知り得た秘密については、同条第四項の規定（同項に係る罰則を含む。）は、前項の規定にかかわらず、同項に規定する日後も、なおその効力

を有する。

3　協議会の事務に従事していた者の当該事務に関して知り得た秘密については、第二十四条の規定（同条に係る罰則を含む。）は、第一項の規定にかかわらず、同項に規定する日後も、なおその効力を有する。

4　この法律の失効前にした行為に対する罰則の適用については、この法律は、第一項の規定にかかわらず、同項に規定する日後も、なおその効力を有する。

（政令への委任）

第三条　前条第二項から第四項までに規定するもののほか、この法律の施行に伴い必要な経過措置は、政令で定める。

（検討）

第四条　政府は、この法律の施行後三年を経過した場合において、この法律の施行の状況を勘案し、必要があると認めるときは、この法律の規定について検討を加え、その結果に基づいて必要な措置を講ずるものとする。

（社会保険労務士法の一部改正）

第五条　社会保険労務士法（昭和四十三年法律第八十九号）の一部を次のように改正する。

別表第一第二十号の二十五の次に次の一号を加える。

二十の二十六女性の職業生活における活躍の推進に関する法律（平成二十七年法律第六十四号）

（内閣府設置法の一部改正）

第六条　内閣府設置法（平成十一年法律第八十九号）の一部を次のように改正する。

附則第二条第二項の表に次のように加える。

平成三十八年三月三十一日	女性の職業生活における活躍の推進に関する基本方針（女性の職業生活における活躍の推進に関する法律（平成二十七年法律第六十四号）第五条第一項に規定するものをいう。）の策定及び推進に関すること。

理　由

女性の職業生活における活躍を迅速かつ重点的に推進し、もって豊かで活力

ある社会を実現するため、女性の職業生活における活躍の推進について、その基本原則を定め、並びに国、地方公共団体及び事業主の責務を明らかにするとともに、基本方針及び事業主の行動計画の策定、女性の職業生活における活躍を推進するための支援措置等について定める必要がある。これが、この法律案を提出する理由である。

育児休業、介護休業等育児又は家族介護を行う労働者の福祉に関する法律（抜粋）

（平成３年５月15日法律第76号）

第二章　育児休業

（育児休業の申出）

第五条　労働者は、その養育する一歳に満たない子について、その事業主に申し出ることにより、育児休業をすることができる。ただし、期間を定めて雇用される者にあっては、次の各号のいずれにも該当するものに限り、当該申出をすることができる。

一　当該事業主に引き続き雇用された期間が一年以上である者

二　その養育する子が一歳に達する日（以下「一歳到達日」という。）を超えて引き続き雇用されることが見込まれる者（当該子の一歳到達日から一年を経過する日までの間に、その労働契約の期間が満了し、かつ、当該労働契約の更新がないことが明らかである者を除く。）

２　前項の規定にかかわらず、育児休業（当該育児休業に係る子の出生の日から起算して八週間を経過する日の翌日まで（出産予定日前に当該子が出生した場合にあっては当該出生の日から当該出産予定日から起算して八週間を経過する日の翌日までとし、出産予定日後に当該子が出生した場合にあっては当該出産予定日から当該出生の日から起算して八週間を経過する日の翌日までとする。）の期間内に、労働者（当該期間内に労働基準法（昭和二十二年法律第四十九号）第六十五条第二項の規定により休業した者を除く。）が当該子を養育するためにした前項の規定による最初の申出によりする育児休業を除く。）をしたことがある労働者は、当該育児休業を開始した日に養育していた子については、厚生労働省令で定める特別の事情がある場合を除き、同項の申出をすることができない。

３　労働者は、その養育する一歳から一歳六か月に達するまでの子について、次の各号のいずれにも該当する場合に限り、その事業主に申し出ることにより、育児休業をすることができる。ただし、期間を定めて雇用される者であってその配偶者が当該子の一歳到達日において育児休業をしているものに

あっては、第一項各号のいずれにも該当するものに限り、当該申出をすることができる。

一　当該申出に係る子について、当該労働者又はその配偶者が、当該子の一歳到達日において育児休業をしている場合

二　当該子の一歳到達日後の期間について休業することが雇用の継続のために特に必要と認められる場合として厚生労働省令で定める場合に該当する場合

4　第一項及び前項の規定による申出（以下「育児休業申出」という。）は、厚生労働省令で定めるところにより、その期間中は育児休業をすることとする一の期間について、その初日（以下「育児休業開始予定日」という。）及び末日（以下「育児休業終了予定日」という。）とする日を明らかにして、しなければならない。この場合において、同項の規定による申出にあっては、当該申出に係る子の一歳到達日の翌日を育児休業開始予定日としなければならない。

5　第一項ただし書、第二項、第三項ただし書及び前項後段の規定は、期間を定めて雇用される者であって、その締結する労働契約の期間の末日を育児休業終了予定日（第七条第三項の規定により当該育児休業終了予定日が変更された場合にあっては、その変更後の育児休業終了予定日とされた日）とする育児休業をしているものが、当該育児休業に係る子について、当該労働契約の更新に伴い、当該更新後の労働契約の期間の初日を育児休業開始予定日とする育児休業申出をする場合には、これを適用しない。

（育児休業申出があった場合における事業主の義務等）

第六条　事業主は、労働者からの育児休業申出があったときは、当該育児休業申出を拒むことができない。ただし、当該事業主と当該労働者が雇用される事業所の労働者の過半数で組織する労働組合があるときはその労働組合、その事業所の労働者の過半数で組織する労働組合がないときはその労働者の過半数を代表する者との書面による協定で、次に掲げる労働者のうち育児休業をすることができないものとして定められた労働者に該当する労働者からの育児休業申出があった場合は、この限りでない。

一　当該事業主に引き続き雇用された期間が一年に満たない労働者

二　前号に掲げるもののほか、育児休業をすることができないこととすることについて合理的な理由があると認められる労働者として厚生労働省令で

定めるもの

2　前項ただし書の場合において、事業主にその育児休業申出を拒まれた労働者は、前条第一項及び第三項の規定にかかわらず、育児休業をすることができない。

3　事業主は、労働者からの育児休業申出があった場合において、当該育児休業申出に係る育児休業開始予定日とされた日が当該育児休業申出があった日の翌日から起算して一月（前条第三項の規定による申出にあっては二週間）を経過する日（以下この項において「一月等経過日」という。）前の日であるときは、厚生労働省令で定めるところにより、当該育児休業開始予定日とされた日から当該一月等経過日（当該育児休業申出があった日までに、出産予定日前に子が出生したことその他の厚生労働省令で定める事由が生じた場合にあっては、当該一月等経過日前の日で厚生労働省令で定める日）までの間のいずれかの日を当該育児休業開始予定日として指定することができる。

4　第一項ただし書及び前項の規定は、労働者が前条第五項に規定する育児休業申出をする場合には、これを適用しない。

（育児休業開始予定日の変更の申出等）

第七条　第五条第一項の規定による申出をした労働者は、その後当該申出に係る育児休業開始予定日とされた日（前条第三項の規定による事業主の指定があった場合にあっては、当該事業主の指定した日。以下この項において同じ。）の前日までに、前条第三項の厚生労働省令で定める事由が生じた場合には、その事業主に申し出ることにより、当該申出に係る育児休業開始予定日を一回に限り当該育児休業開始予定日とされた日前の日に変更することができる。

2　事業主は、前項の規定による労働者からの申出があった場合において、当該申出に係る変更後の育児休業開始予定日とされた日が当該申出があった日の翌日から起算して一月を超えない範囲内で厚生労働省令で定める期間を経過する日（以下この項において「期間経過日」という。）前の日であるときは、厚生労働省令で定めるところにより、当該申出に係る変更後の育児休業開始予定日とされた日から当該期間経過日（その日が当該申出に係る変更前の育児休業開始予定日とされていた日（前条第三項の規定による事業主の指定があった場合にあっては、当該事業主の指定した日。以下この項において同じ。）以後の日である場合にあっては、当該申出に係る変更前の育児休業開

始予定日とされていた日）までの間のいずれかの日を当該労働者に係る育児休業開始予定日として指定することができる。

3　育児休業申出をした労働者は、厚生労働省令で定める日までにその事業主に申し出ることにより、当該育児休業申出に係る育児休業終了予定日を一回に限り当該育児休業終了予定日とされた日後の日に変更することができる。

（育児休業申出の撤回等）

第八条　育児休業申出をした労働者は、当該育児休業申出に係る育児休業開始予定日とされた日（第六条第三項又は前条第二項の規定による事業主の指定があった場合にあっては当該事業主の指定した日、同条第一項の規定により育児休業開始予定日が変更された場合にあってはその変更後の育児休業開始予定日とされた日。以下同じ。）の前日までは、当該育児休業申出を撤回することができる。

2　前項の規定により育児休業申出を撤回した労働者は、当該育児休業申出に係る子については、厚生労働省令で定める特別の事情がある場合を除き、第五条第一項及び第三項の規定にかかわらず、育児休業申出をすることができない。

3　育児休業申出がされた後育児休業開始予定日とされた日の前日までに、子の死亡その他の労働者が当該育児休業申出に係る子を養育しないこととなった事由として厚生労働省令で定める事由が生じたときは、当該育児休業申出は、されなかったものとみなす。この場合において、労働者は、その事業主に対して、当該事由が生じた旨を遅滞なく通知しなければならない。

（育児休業期間）

第九条　育児休業申出をした労働者がその期間中は育児休業をすることができる期間（以下「育児休業期間」という。）は、育児休業開始予定日とされた日から育児休業終了予定日とされた日（第七条第三項の規定により当該育児休業終了予定日が変更された場合にあっては、その変更後の育児休業終了予定日とされた日。次項において同じ。）までの間とする。

2　次の各号に掲げるいずれかの事情が生じた場合には、育児休業期間は、前項の規定にかかわらず、当該事情が生じた日（第三号に掲げる事情が生じた場合にあっては、その前日）に終了する。

一　育児休業終了予定日とされた日の前日までに、子の死亡その他の労働者が育児休業申出に係る子を養育しないこととなった事由として厚生労働省

令で定める事由が生じたこと。

二　育児休業終了予定日とされた日の前日までに、育児休業申出に係る子が一歳（第五条第三項の規定による申出により育児休業をしている場合にあっては、一歳六か月）に達したこと。

三　育児休業終了予定日とされた日までに、育児休業申出をした労働者について、労働基準法第六十五条第一項若しくは第二項の規定により休業する期間、第十五条第一項に規定する介護休業期間又は新たな育児休業期間が始まったこと。

3　前条第三項後段の規定は、前項第一号の厚生労働省令で定める事由が生じた場合について準用する。

（同一の子について配偶者が育児休業をする場合の特例）

第九条の二　労働者の養育する子について、当該労働者の配偶者が当該子の一歳到達日以前のいずれかの日において当該子を養育するために育児休業をしている場合における第二章から第五章まで、第二十四条第一項及び第十二章の規定の適用については、第五条第一項中「一歳に満たない子」とあるのは「一歳に満たない子（第九条の二第一項の規定により読み替えて適用するこの項の規定により育児休業をする場合にあっては、一歳二か月に満たない子）」と、同条第三項各号列記以外の部分中「一歳到達日」とあるのは「一歳到達日（当該配偶者が第九条の二第一項の規定により読み替えて適用する第一項の規定によりした申出に係る第九条第一項（第九条の二第一項の規定により読み替えて適用する場合を含む。）に規定する育児休業終了予定日とされた日が当該子の一歳到達日後である場合にあっては、当該育児休業終了予定日とされた日）」と、同項第一号中「又はその配偶者が、当該子の一歳到達日」とあるのは「が当該子の一歳到達日（当該労働者が第九条の二第一項の規定により読み替えて適用する第一項の規定によりした申出に係る第九条第一項（第九条の二第一項の規定により読み替えて適用する場合を含む。）に規定する育児休業終了予定日とされた日が当該子の一歳到達日後である場合にあっては、当該育児休業終了予定日とされた日）において育児休業をしている場合又は当該労働者の配偶者が当該子の一歳到達日（当該配偶者が第九条の二第一項の規定により読み替えて適用する第一項の規定によりした申出に係る第九条第一項（第九条の二第一項の規定により読み替えて適用する場合を含む。）に規定する育児休業終了予定日とされた日が当該子の一歳到

達日後である場合にあっては、当該育児休業終了予定日とされた日)」と、同条第四項中「一歳到達日」とあるのは「一歳到達日（当該子を養育する労働者又はその配偶者が第九条の二第一項の規定により読み替えて適用する第一項の規定によりした申出に係る第九条第一項（第九条の二第一項の規定により読み替えて適用する場合を含む。）に規定する育児休業終了予定日とされた日が当該子の一歳到達日後である場合にあっては、当該育児休業終了予定日とされた日（当該労働者に係る育児休業終了予定日とされた日と当該配偶者に係る育児休業終了予定日とされた日が異なるときは、そのいずれかの日))」と、前条第一項中「変更後の育児休業終了予定日とされた日。次項」とあるのは「変更後の育児休業終了予定日とされた日。次項（次条第一項の規定により読み替えて適用する場合を含む。）において同じ。)（当該育児休業終了予定日とされた日が当該育児休業開始予定日とされた日から起算して育児休業等可能日数（当該育児休業に係る子の出生した日から当該子の一歳到達日までの日数をいう。）から育児休業等取得日数（当該子の出生した日以後当該労働者が労働基準法第六十五条第一項又は第二項の規定により休業した日数と当該子について育児休業をした日数を合算した日数をいう。）を差し引いた日数を経過する日より後の日であるときは、当該経過する日。次項（次条第一項の規定により読み替えて適用する場合を含む。)」と、同条第二項第二号中「第五条第三項」とあるのは「次条第一項の規定により読み替えて適用する第五条第一項の規定による申出により育児休業をしている場合にあっては一歳二か月、同条第三項（次条第一項の規定により読み替えて適用する場合を含む。)」と、「、一歳六か月」とあるのは「一歳六か月」と、第二十四条第一項第一号中「一歳（」とあるのは「一歳（当該労働者が第九条の二第一項の規定により読み替えて適用する第五条第一項の規定による申出をすることができる場合にあっては一歳二か月、」と、「、一歳六か月」とあるのは「一歳六か月」とするほか、必要な技術的読替えは、厚生労働省令で定める。

2　前項の規定は、同項の規定を適用した場合の第五条第一項の規定による申出に係る育児休業開始予定日とされた日が、当該育児休業に係る子の一歳到達日の翌日後である場合又は前項の場合における当該労働者の配偶者がしている育児休業に係る育児休業期間の初日前である場合には、これを適用しない。

（公務員である配偶者がする育児休業に関する規定の適用）

第九条の三　第五条第三項及び前条の規定の適用については、労働者の配偶者が国会職員の育児休業等に関する法律（平成三年法律第百八号）第三条第二項、国家公務員の育児休業等に関する法律（平成三年法律第百九号）第三条第二項（同法第二十七条第一項及び裁判所職員臨時措置法（昭和二十六年法律第二百九十九号）（第七号に係る部分に限る。）において準用する場合を含む。）、地方公務員の育児休業等に関する法律（平成三年法律第百十号）第二条第二項又は裁判官の育児休業に関する法律（平成三年法律第百十一号）第二条第二項の規定によりする請求及び当該請求に係る育児休業は、それぞれ第五条第一項の規定によりする申出及び当該申出によりする育児休業とみなす。

（不利益取扱いの禁止）

第十条　事業主は、労働者が育児休業申出をし、又は育児休業をしたことを理由として、当該労働者に対して解雇その他不利益な取扱いをしてはならない。

⋮

（準用）

第十六条　第十条の規定は、介護休業申出及び介護休業について準用する。

第四章　子の看護休暇

（子の看護休暇の申出）

第十六条の二　小学校就学の始期に達するまでの子を養育する労働者は、その事業主に申し出ることにより、一の年度において五労働日（その養育する小学校就学の始期に達するまでの子が二人以上の場合にあっては、十労働日）を限度として、負傷し、若しくは疾病にかかった当該子の世話又は疾病の予防を図るために必要なものとして厚生労働省令で定める当該子の世話を行うための休暇（以下この章において「子の看護休暇」という。）を取得することができる。

2　前項の規定による申出は、厚生労働省令で定めるところにより、子の看護休暇を取得する日を明らかにして、しなければならない。

3　第一項の年度は、事業主が別段の定めをする場合を除き、四月一日に始まり、翌年三月三十一日に終わるものとする。

(子の看護休暇の申出があった場合における事業主の義務等)

第十六条の三　事業主は、労働者からの前条第一項の規定による申出があったときは、当該申出を拒むことができない。

2　第六条第一項ただし書及び第二項の規定は、労働者からの前条第一項の規定による申出があった場合について準用する。この場合において、第六条第一項第一号中「一年」とあるのは「六月」と、同条第二項中「前項ただし書」とあるのは「第十六条の三第二項において準用する前項ただし書」と、「前条第一項及び第三項」とあるのは「第十六条の二第一項」と読み替えるものとする。

(準用)

第十六条の四　第十条の規定は、第十六条の二第一項の規定による申出及び子の看護休暇について準用する。

第五章　介護休暇

(介護休暇の申出)

第十六条の五　要介護状態にある対象家族の介護その他の厚生労働省令で定める世話を行う労働者は、その事業主に申し出ることにより、一の年度において五労働日（要介護状態にある対象家族が二人以上の場合にあっては、十労働日）を限度として、当該世話を行うための休暇（以下「介護休暇」という。）を取得することができる。

2　前項の規定による申出は、厚生労働省令で定めるところにより、当該申出に係る対象家族が要介護状態にあること及び介護休暇を取得する日を明らかにして、しなければならない。

3　第一項の年度は、事業主が別段の定めをする場合を除き、四月一日に始まり、翌年三月三十一日に終わるものとする。

(介護休暇の申出があった場合における事業主の義務等)

第十六条の六　事業主は、労働者からの前条第一項の規定による申出があったときは、当該申出を拒むことができない。

2　第六条第一項ただし書及び第二項の規定は、労働者からの前条第一項の規定による申出があった場合について準用する。この場合において、第六条第一項第一号中「一年」とあるのは「六月」と、同条第二項中「前項ただし書」とあるのは「第十六条の六第二項において準用する前項ただし書」と、「前

条第一項及び第三項」とあるのは「第十六条の五第一項」と読み替えるものとする。

(準用)

第十六条の七　第十条の規定は、第十六条の五第一項の規定による申出及び介護休暇について準用する。

第六章　所定外労働の制限

第十六条の八　事業主は、三歳に満たない子を養育する労働者であって、当該事業主と当該労働者が雇用される事業所の労働者の過半数で組織する労働組合があるときはその労働組合、その事業所の労働者の過半数で組織する労働組合がないときはその労働者の過半数を代表する者との書面による協定で、次に掲げる労働者のうちこの項本文の規定による請求をできないものとして定められた労働者に該当しない労働者が当該子を養育するために請求した場合においては、所定労働時間を超えて労働させてはならない。ただし、事業の正常な運営を妨げる場合は、この限りでない。

一　当該事業主に引き続き雇用された期間が一年に満たない労働者

二　前号に掲げるもののほか、当該請求をできないこととすることについて合理的な理由があると認められる労働者として厚生労働省令で定めるもの

2　前項の規定による請求は、厚生労働省令で定めるところにより、その期間中は所定労働時間を超えて労働させてはならないこととなる一の期間（一月以上一年以内の期間に限る。第四項において「制限期間」という。）について、その初日（以下この条において「制限開始予定日」という。）及び末日（第四項において「制限終了予定日」という。）とする日を明らかにして、制限開始予定日の一月前までにしなければならない。この場合において、この項前段に規定する制限期間については、第十七条第二項前段に規定する制限期間と重複しないようにしなければならない。

3　第一項の規定による請求がされた後制限開始予定日とされた日の前日までに、子の死亡その他の労働者が当該請求に係る子の養育をしないこととなった事由として厚生労働省令で定める事由が生じたときは、当該請求は、されなかったものとみなす。この場合において、労働者は、その事業主に対して、当該事由が生じた旨を遅滞なく通知しなければならない。

4　次の各号に掲げるいずれかの事情が生じた場合には、制限期間は、当該事

情が生じた日（第三号に掲げる事情が生じた場合にあっては、その前日）に終了する。

一　制限終了予定日とされた日の前日までに、子の死亡その他の労働者が第一項の規定による請求に係る子を養育しないこととなった事由として厚生労働省令で定める事由が生じたこと。

二　制限終了予定日とされた日の前日までに、第一項の規定による請求に係る子が三歳に達したこと。

三　制限終了予定日とされた日までに、第一項の規定による請求をした労働者について、労働基準法第六十五条第一項若しくは第二項の規定により休業する期間、育児休業期間又は介護休業期間が始まったこと。

5　第三項後段の規定は、前項第一号の厚生労働省令で定める事由が生じた場合について準用する。

第十六条の九　事業主は、労働者が前条第一項の規定による請求をし、又は同項の規定により当該事業主が当該請求をした労働者について所定労働時間を超えて労働させてはならない場合に当該労働者が所定労働時間を超えて労働しなかったことを理由として、当該労働者に対して解雇その他不利益な取扱いをしてはならない。

第七章　時間外労働の制限

第十七条　事業主は、労働基準法第三十六条第一項本文の規定により同項に規定する労働時間（以下この条において単に「労働時間」という。）を延長することができる場合において、小学校就学の始期に達するまでの子を養育する労働者であって次の各号のいずれにも該当しないものが当該子を養育するために請求したときは、制限時間（一月について二十四時間、一年について百五十時間をいう。次項及び第十八条の二において同じ。）を超えて労働時間を延長してはならない。ただし、事業の正常な運営を妨げる場合は、この限りでない。

一　当該事業主に引き続き雇用された期間が一年に満たない労働者

二　前号に掲げるもののほか、当該請求をできないこととすることについて合理的な理由があると認められる労働者として厚生労働省令で定めるもの

2　前項の規定による請求は、厚生労働省令で定めるところにより、その期間中は制限時間を超えて労働時間を延長してはならないこととなる一の期間

（一月以上一年以内の期間に限る。第四項において「制限期間」という。）について、その初日（以下この条において「制限開始予定日」という。）及び末日（第四項において「制限終了予定日」という。）とする日を明らかにして、制限開始予定日の一月前までにしなければならない。この場合において、この項前段に規定する制限期間については、第十六条の八第二項前段に規定する制限期間と重複しないようにしなければならない。

3　第一項の規定による請求がされた後制限開始予定日とされた日の前日までに、子の死亡その他の労働者が当該請求に係る子の養育をしないこととなった事由として厚生労働省令で定める事由が生じたときは、当該請求は、されなかったものとみなす。この場合において、労働者は、その事業主に対して、当該事由が生じた旨を遅滞なく通知しなければならない。

4　次の各号に掲げるいずれかの事情が生じた場合には、制限期間は、当該事情が生じた日（第三号に掲げる事情が生じた場合にあっては、その前日）に終了する。

一　制限終了予定日とされた日の前日までに、子の死亡その他の労働者が第一項の規定による請求に係る子を養育しないこととなった事由として厚生労働省令で定める事由が生じたこと。

二　制限終了予定日とされた日の前日までに、第一項の規定による請求に係る子が小学校就学の始期に達したこと。

三　制限終了予定日とされた日までに、第一項の規定による請求をした労働者について、労働基準法第六十五条第一項若しくは第二項の規定により休業する期間、育児休業期間又は介護休業期間が始まったこと。

5　第三項後段の規定は、前項第一号の厚生労働省令で定める事由が生じた場合について準用する。

⋮

第八章　深夜業の制限

第十九条　事業主は、小学校就学の始期に達するまでの子を養育する労働者であって次の各号のいずれにも該当しないものが当該子を養育するために請求した場合においては、午後十時から午前五時までの間（以下この条及び第二十条の二において「深夜」という。）において労働させてはならない。ただし、事業の正常な運営を妨げる場合は、この限りでない。

一　当該事業主に引き続き雇用された期間が一年に満たない労働者
二　当該請求に係る深夜において、常態として当該子を保育することができる当該子の同居の家族その他の厚生労働省令で定める者がいる場合における当該労働者
三　前二号に掲げるもののほか、当該請求をできないこととすることについて合理的な理由があると認められる労働者として厚生労働省令で定めるもの

2　前項の規定による請求は、厚生労働省令で定めるところにより、その期間中は深夜において労働させてはならないこととなる一の期間（一月以上六月以内の期間に限る。第四項において「制限期間」という。）について、その初日（以下この条において「制限開始予定日」という。）及び末日（同項において「制限終了予定日」という。）とする日を明らかにして、制限開始予定日の一月前までにしなければならない。

3　第一項の規定による請求がされた後制限開始予定日とされた日の前日までに、子の死亡その他の労働者が当該請求に係る子の養育をしないこととなった事由として厚生労働省令で定める事由が生じたときは、当該請求は、されなかったものとみなす。この場合において、労働者は、その事業主に対して、当該事由が生じた旨を遅滞なく通知しなければならない。

4　次の各号に掲げるいずれかの事情が生じた場合には、制限期間は、当該事情が生じた日（第三号に掲げる事情が生じた場合にあっては、その前日）に終了する。

一　制限終了予定日とされた日の前日までに、子の死亡その他の労働者が第一項の規定による請求に係る子を養育しないこととなった事由として厚生労働省令で定める事由が生じたこと。
二　制限終了予定日とされた日の前日までに、第一項の規定による請求に係る子が小学校就学の始期に達したこと。
三　制限終了予定日とされた日までに、第一項の規定による請求をした労働者について、労働基準法第六十五条第一項若しくは第二項の規定により休業する期間、育児休業期間又は介護休業期間が始まったこと。

5　第三項後段の規定は、前項第一号の厚生労働省令で定める事由が生じた場合について準用する。

⋮

（所定労働時間の短縮措置等）

第二十三条　事業主は、その雇用する労働者のうち、その三歳に満たない子を養育する労働者であって育児休業をしていないもの（一日の所定労働時間が短い労働者として厚生労働省令で定めるものを除く。）に関して、厚生労働省令で定めるところにより、労働者の申出に基づき所定労働時間を短縮することにより当該労働者が就業しつつ当該子を養育することを容易にするための措置（以下「所定労働時間の短縮措置」という。）を講じなければならない。ただし、当該事業主と当該労働者が雇用される事業所の労働者の過半数で組織する労働組合があるときはその労働組合、その事業所の労働者の過半数で組織する労働組合がないときはその労働者の過半数を代表する者との書面による協定で、次に掲げる労働者のうち所定労働時間の短縮措置を講じないものとして定められた労働者に該当する労働者については、この限りでない。

一　当該事業主に引き続き雇用された期間が一年に満たない労働者

二　前号に掲げるもののほか、所定労働時間の短縮措置を講じないこととすることについて合理的な理由があると認められる労働者として厚生労働省令で定めるもの

三　前二号に掲げるもののほか、業務の性質又は業務の実施体制に照らして、所定労働時間の短縮措置を講ずることが困難と認められる業務に従事する労働者

2　事業主は、その雇用する労働者のうち、前項ただし書の規定により同項第三号に掲げる労働者であってその三歳に満たない子を養育するものについて所定労働時間の短縮措置を講じないこととするときは、当該労働者に関して、厚生労働省令で定めるところにより、労働者の申出に基づく育児休業に関する制度に準ずる措置又は労働基準法第三十二条の三の規定により労働させることその他の当該労働者が就業しつつ当該子を養育することを容易にするための措置（第二十四条第一項において「始業時刻変更等の措置」という。）を講じなければならない。

3　事業主は、その雇用する労働者のうち、その要介護状態にある対象家族を介護する労働者に関して、厚生労働省令で定めるところにより、労働者の申出に基づく連続する九十三日の期間（当該労働者の雇入れの日から当該連続する期間の初日の前日までの期間における介護休業等日数が一以上である場合にあっては、九十三日から当該介護休業等日数を差し引いた日数の期間と

し、当該労働者が当該対象家族の当該要介護状態について介護休業をしたことがある場合にあっては、当該連続する期間は、当該対象家族の当該要介護状態について開始された最初の介護休業に係る介護休業開始予定日とされた日から起算した連続する期間のうち当該労働者が介護休業をしない期間とする。）以上の期間における所定労働時間の短縮その他の当該労働者が就業しつつその要介護状態にある対象家族を介護することを容易にするための措置を講じなければならない。

第二十三条の二　事業主は、労働者が前条の規定による申出をし、又は同条の規定により当該労働者に措置が講じられたことを理由として、当該労働者に対して解雇その他不利益な取扱いをしてはならない。

（小学校就学の始期に達するまでの子を養育する労働者等に関する措置）

第二十四条　事業主は、その雇用する労働者のうち、その小学校就学の始期に達するまでの子を養育する労働者に関して、次の各号に掲げる当該労働者の区分に応じ当該各号に定める制度又は措置に準じて、それぞれ必要な措置を講ずるよう努めなければならない。

一　その一歳（当該労働者が第五条第三項の規定による申出をすることができる場合にあっては、一歳六か月。次号において同じ。）に満たない子を養育する労働者（第二十三条第二項に規定する労働者を除く。同号において同じ。）で育児休業をしていないもの　始業時刻変更等の措置

二　その一歳から三歳に達するまでの子を養育する労働者　育児休業に関する制度又は始業時刻変更等の措置

三　その三歳から小学校就学の始期に達するまでの子を養育する労働者　育児休業に関する制度、第六章の規定による所定外労働の制限に関する制度、所定労働時間の短縮措置又は始業時刻変更等の措置

2　事業主は、その雇用する労働者のうち、その家族を介護する労働者に関して、介護休業若しくは介護休暇に関する制度又は第二十三条第三項に定める措置に準じて、その介護を必要とする期間、回数等に配慮した必要な措置を講ずるように努めなければならない。

雇用の分野における男女の均等な機会及び待遇の確保等に関する法律（抜粋）

（昭和47年7月1日法律第113号）

（婚姻、妊娠、出産等を理由とする不利益取扱いの禁止等）

第九条　事業主は、女性労働者が婚姻し、妊娠し、又は出産したことを退職理由として予定する定めをしてはならない。

2　事業主は、女性労働者が婚姻したことを理由として、解雇してはならない。

3　事業主は、その雇用する女性労働者が妊娠したこと、出産したこと、労働基準法（昭和二十二年法律第四十九号）第六十五条第一項の規定による休業を請求し、又は同項若しくは同条第二項の規定による休業をしたことその他の妊娠又は出産に関する事由であつて厚生労働省令で定めるものを理由として、当該女性労働者に対して解雇その他不利益な取扱いをしてはならない。

4　妊娠中の女性労働者及び出産後一年を経過しない女性労働者に対してなされた解雇は、無効とする。ただし、事業主が当該解雇が前項に規定する事由を理由とする解雇でないことを証明したときは、この限りでない。

子の養育又は家族の介護を行い、又は行うこととなる労働者の職業生活と家庭生活との両立が図られるようにするために事業主が講ずべき措置に関する指針

（平成21年厚生労働省告示第509号）

第１　趣旨

この指針は、育児休業、介護休業等育児又は家族介護を行う労働者の福祉に関する法律（以下「法」という。）に定める事項に関し、子の養育又は家族の介護を行い、又は行うこととなる労働者の職業生活と家庭生活との両立が図られるようにするために事業主が講ずべき措置について、その適切かつ有効な実施を図るために必要な事項を定めたものである。

第２　事業主が講ずべき措置の適切かつ有効な実施を図るための指針となるべき事項

１　法第５条及び第11条の規定による労働者の育児休業申出及び介護休業申出に関する事項

⑴　法第５条第１項及び第11条第１項に規定する期間を定めて雇用される者に該当するか否かを判断するに当たっての事項

労働契約の形式上期間を定めて雇用されている者であっても、当該契約が期間の定めのない契約と実質的に異ならない状態となっている場合には、法第５条第１項各号及び第11条第１項各号に定める要件に該当するか否かにかかわらず、実質的に期間の定めのない契約に基づき雇用される労働者であるとして育児休業及び介護休業の対象となるものであるが、その判断に当たっては、次の事項に留意すること。

イ　有期労働契約の雇止めの可否が争われた裁判例における判断の過程においては、主に次に掲げる項目に着目して、契約関係の実態が評価されていること。

(イ)　業務内容の恒常性・臨時性、業務内容についての正社員との同一性の有無等労働者の従事する業務の客観的内容

(ロ)　地位の基幹性・臨時性等労働者の契約上の地位の性格

(ハ)　継続雇用を期待させる事業主の言動等当事者の主観的態様

(ニ)　更新の有無・回数、更新の手続の厳格性の程度等更新の手続・実

態

(ホ) 同様の地位にある他の労働者の雇止めの有無等他の労働者の更新状況

ロ 有期労働契約の雇止めの可否が争われた裁判例においては、イに掲げる項目に関し、次の(イ)及び(ロ)の実態がある場合には、期間の定めのない契約と実質的に異ならない状態に至っているものであると認められていることが多いこと。

(イ) イ(イ)に関し、業務内容が恒常的であること、及びイ(ニ)に関し、契約が更新されていること。

(ロ) (イ)に加え、少なくとも次に掲げる実態のいずれかがみられること。

① イ(ハ)に関し、継続雇用を期待させる事業主の言動が認められること。

② イ(ニ)に関し、更新の手続が形式的であること。

③ イ(ホ)に関し、同様の地位にある労働者について過去に雇止めの例がほとんどないこと。

ハ 有期労働契約の雇止めの可否が争われた裁判例においては、イ(イ)に関し、業務内容が正社員と同一であると認められること、又は、イ(ロ)に関し、労働者の地位の基幹性が認められることは、期間の定めのない契約と実質的に異ならない状態に至っているものであると認められる方向に働いているものと考えられること。

(2) 期間を定めて雇用される者が法第５条第１項各号及び第11条第１項各号に定める要件を満たす労働者か否かの判断に当たっては、次の事項に留意すること。

イ 法第５条第１項第１号及び第11条第１項第１号の「引き続き雇用された期間が１年以上」とは、育児休業申出又は介護休業申出のあった日の直前の１年間について、勤務の実態に即し雇用関係が実質的に継続していることをいうものであり、契約期間が形式的に連続しているか否かにより判断するものではないこと。

ロ 法第５条第１項第２号の「その養育する子が１歳に達する日（以下この条において「１歳到達日」という。）を超えて引き続き雇用されることが見込まれる」か否かについては、育児休業申出のあった時点

において判明している事情に基づき相当程度の雇用継続の可能性があるか否かによって判断するものであること。例えば、育児休業申出のあった時点で、次の(イ)から(ニ)までのいずれかに該当する労働者は、原則として、相当程度の雇用継続の可能性があると判断される場合に該当するものであり、(ホ)、(ヘ)又は(ト)に該当する労働者は、原則として、相当程度の雇用継続の可能性があると判断される場合に該当しないものであること。ただし、雇用の継続の見込みに関する事業主の言動、同様の地位にある他の労働者の状況及び当該労働者の過去の契約の更新状況等に基づいて判断すべき場合もあり得ること。また、育児休業申出のあった時点で次のいずれにも該当しない労働者は、雇用の継続の見込みに関する事業主の言動、同様の地位にある他の労働者の状況及び当該労働者の過去の契約の更新状況等に基づいて判断するものであること。

(イ) 育児休業申出のあった時点で締結している労働契約の期間の末日が1歳到達日後の日である労働者

(ロ) 書面又は口頭により労働契約を更新する場合がある旨明示されている労働者であって、育児休業申出のあった時点で締結している労働契約と同一の長さの期間で契約が更新されたならばその更新後の労働契約の期間の末日が1歳到達日後の日であるもの

(ハ) 書面又は口頭により労働契約を自動的に更新すると明示されている労働者であって、自動的に更新する回数の上限の明示がないもの

(ニ) 書面又は口頭により労働契約を自動的に更新すると明示されている労働者であって、自動的に更新する回数の上限の明示があり、当該上限まで労働契約が更新された場合の期間の末日が1歳到達日後の日であるもの

(ホ) 書面又は口頭により労働契約の更新回数の上限が明示されている労働者であって、当該上限まで労働契約が更新された場合の期間の末日が1歳到達日以前の日であるもの

(ヘ) 書面又は口頭により労働契約の更新をしない旨明示されている労働者であって、育児休業申出のあった時点で締結している労働契約の期間の末日が1歳到達日以前の日であるもの

(ト) 書面又は口頭により労働契約を更新する場合がある旨明示されて

いる労働者であって、育児休業申出のあった時点で締結している労働契約と同一の長さの期間で契約が更新されたならばその更新後の労働契約の期間の末日が１歳到達日以前の日であるもの

ハ　法第５条第１項第２号の「当該子の１歳到達日から１年を経過する日までの間に、その労働契約の期間が満了し、かつ、当該労働契約の更新がないことが明らか」か否かについては、育児休業申出のあった時点において判明している事情に基づき労働契約の更新がないことが確実であるか否かによって判断するものであること。例えば、育児休業申出のあった時点で次のいずれかに該当する労働者は、原則として、労働契約の更新がないことが確実であると判断される場合に該当するものであること。ただし、次のいずれかに該当する労働者であっても、雇用の継続の見込みに関する事業主の言動、同様の地位にある他の労働者の状況及び当該労働者の過去の契約の更新状況等から、これに該当しないものと判断される場合もあり得ること。

(イ)　書面又は口頭により労働契約の更新回数の上限が明示されている労働者であって、当該上限まで労働契約が更新された場合の期間の末日が１歳到達日から１年を経過する日以前の日であるもの

(ロ)　書面又は口頭により労働契約の更新をしない旨明示されている労働者であって、育児休業申出のあった時点で締結している労働契約の期間の末日が１歳到達日から１年を経過する日以前の日であるもの

ニ　法第11条第１項第２号の要件に該当するか否かについては、ロ及びハと同様に判断するものであること。この場合において、ロ及びハ中「１歳到達日」とあるのは、「93日経過日（法第11条第１項第２号に規定する93日経過日をいう。）」と読み替えるものとすること。

(3)　その他法第５条及び第11条の規定による労働者の育児休業申出及び介護休業申出に関する事項

育児休業及び介護休業については、労働者がこれを容易に取得できるようにするため、あらかじめ制度が導入され、規則が定められるべきものであることに留意すること。

2　法第16条の２の規定による子の看護休暇及び法第16条の５の規定による介護休暇に関する事項

(1) 子の看護休暇及び介護休暇については、労働者がこれを容易に取得できるようにするため、あらかじめ制度が導入され、規則が定められるべきものであることに留意すること。
(2) 子の看護休暇は、現に負傷し、若しくは疾病にかかったその子の世話又は疾病の予防を図るために必要なその子の世話を行うための休暇であること及び介護休暇は要介護状態にある対象家族の介護その他の世話を行うための休暇であることから、証明書類の提出を求める場合には事後の提出を可能とする等、労働者に過重な負担を求めることにならないよう配慮するものとすること。
(3) 労働者の子の症状、要介護状態にある対象家族の介護の状況、労働者の勤務の状況等が様々であることに対応し、時間単位又は半日単位での休暇の取得を認めること等制度の弾力的な利用が可能となるように配慮するものとすること。

3　法第16条の８の規定による所定外労働の制限に関する事項

(1) 所定外労働の制限については、労働者がこれを容易に受けられるようにするため、あらかじめ制度が導入され、規則が定められるべきものであることに留意すること。
(2) 労働者の子の養育の状況、労働者の勤務の状況等が様々であることに対応し、制度の弾力的な利用が可能となるように配慮するものとすること。

4　法第17条及び第18条の規定による時間外労働の制限に関する事項

時間外労働の制限については、労働者がこれを容易に受けられるようにするため、あらかじめ制度が導入され、規則が定められるべきものであることに留意すること。

5　法第19条及び第20条の規定による深夜業の制限に関する事項

(1) 深夜業の制限については、労働者がこれを容易に受けられるようにするため、あらかじめ制度が導入され、規則が定められるべきものであることに留意すること。
(2) あらかじめ、労働者の深夜業の制限期間中における待遇（昼間勤務への転換の有無を含む。）に関する事項を定めるとともに、これを労働者に周知させるための措置を講ずるように配慮するものとすること。
(3) 労働者の子の養育又は家族の介護の状況、労働者の勤務の状況等が

様々であることに対応し、制度の弾力的な利用が可能となるように配慮するものとすること。

6　法第21条第1項の規定により育児休業及び介護休業に関する事項を定め、周知するに当たっての事項

育児休業及び介護休業中の待遇、育児休業及び介護休業後の賃金、配置その他の労働条件その他必要な事項に関する規則を一括して定め、周知することが望ましいものであることに配慮すること。

7　法第22条の規定により育児休業又は介護休業をする労働者が雇用される事業所における労働者の配置その他の雇用管理に関して必要な措置を講ずるに当たっての事項

(1)　育児休業及び介護休業後においては、原則として原職又は原職相当職に復帰させることが多く行われているものであることに配慮すること。

(2)　育児休業又は介護休業をする労働者以外の労働者についての配置その他の雇用管理は、(1)の点を前提にして行われる必要があることに配慮すること。

8　法第22条の規定により育児休業又は介護休業をしている労働者の職業能力の開発及び向上等に関して必要な措置を講ずるに当たっての事項

(1)　当該措置の適用を受けるかどうかは、育児休業又は介護休業をする労働者の選択に任せられるべきものであること。

(2)　育児休業及び介護休業が比較的長期にわたる休業になり得ること、並びに育児休業又は介護休業後における円滑な就業のために必要となる措置が、個々の労働者の職種、職務上の地位、職業意識等の状況に応じ様々であることにかんがみ、当該労働者の状況に的確に対応し、かつ、計画的に措置が講じられることが望ましいものであることに配慮すること。

9　法第23条第1項の規定による所定労働時間の短縮措置又は同条第2項に規定する育児休業に関する制度に準ずる措置若しくは始業時刻変更等の措置を講ずるに当たっての事項

(1)　労働者がこれらの措置の適用を容易に受けられるようにするため、あらかじめ、当該措置の対象者の待遇に関する事項を定め、これを労働者に周知させるための措置を講ずるように配慮すること。

(2)　当該措置を講ずるに当たっては、労働者が就業しつつその子を養育す

ることを実質的に容易にする内容のものとすることに配慮すること。

(3) 法第23条第1項第3号の規定により、労使協定を締結する場合には当該業務に従事する労働者について所定労働時間の短縮措置を講じないことができる「業務の性質又は業務の実施体制に照らして、所定労働時間の短縮措置を講ずることが困難と認められる業務」とは、例えば、次に掲げるものが該当する場合があること。なお、次に掲げる業務は例示であり、これら以外は困難と認められる業務に該当しないものではなく、また、これらであれば困難と認められる業務に該当するものではないこと。

イ 業務の性質に照らして、制度の対象とすることが困難と認められる業務

国際路線等に就航する航空機において従事する客室乗務員等の業務

ロ 業務の実施体制に照らして、制度の対象とすることが困難と認められる業務

労働者数が少ない事業所において、当該業務に従事しうる労働者数が著しく少ない業務

ハ 業務の性質及び実施体制に照らして、制度の対象とすることが困難と認められる業務

(イ) 流れ作業方式による製造業務であって、短時間勤務の者を勤務体制に組み込むことが困難な業務

(ロ) 交替制勤務による製造業務であって、短時間勤務の者を勤務体制に組み込むことが困難な業務

(ハ) 個人ごとに担当する企業、地域等が厳密に分担されていて、他の労働者では代替が困難な営業業務

10 法第23条第3項の規定による労働者が就業しつつその要介護状態にある対象家族を介護することを容易にするための措置を講ずるに当たっての事項

短時間勤務の制度は、労働者がその要介護状態にある対象家族を介護することを実質的に容易にする内容のものであることが望ましいものであることに配慮すること。

11 法第10条、第16条、第16条の4、第16条の7、第16条の9、第18条の2、第20条の2及び第23条の2の規定による育児休業、介護休業、子の看護休

暇、介護休暇、所定外労働の制限、時間外労働の制限、深夜業の制限又は所定労働時間の短縮措置等の申出等又は取得等を理由とする解雇その他不利益な取扱いの禁止に適切に対処するに当たっての事項

育児休業、介護休業、子の看護休暇、介護休暇、所定外労働の制限、時間外労働の制限、深夜業の制限又は所定労働時間の短縮措置等の申出等又は取得等（以下「育児休業等の申出等」という。）をした労働者の雇用管理に当たっては、次の事項に留意すること。

(1) 法第10条、第16条、第16条の４、第16条の７、第16条の９、第18条の２、第20条の２又は第23条の２の規定により禁止される解雇その他不利益な取扱いは、労働者が育児休業等の申出等をしたこととの間に因果関係がある行為であること。

(2) 解雇その他不利益な取扱いとなる行為には、例えば、次に掲げるものが該当すること。

イ　解雇すること。

ロ　期間を定めて雇用される者について、契約の更新をしないこと。

ハ　あらかじめ契約の更新回数の上限が明示されている場合に、当該回数を引き下げること。

ニ　退職又は正社員をパートタイム労働者等の非正規社員とするような労働契約内容の変更の強要を行うこと。

ホ　自宅待機を命ずること。

ヘ　労働者が希望する期間を超えて、その意に反して所定外労働の制限、時間外労働の制限、深夜業の制限又は所定労働時間の短縮措置等を適用すること。

ト　降格させること。

チ　減給をし、又は賞与等において不利益な算定を行うこと。

リ　昇進・昇格の人事考課において不利益な評価を行うこと。

ヌ　不利益な配置の変更を行うこと。

ル　就業環境を害すること。

(3) 解雇その他不利益な取扱いに該当するか否かについては、次の事項を勘案して判断すること。

イ　勧奨退職や正社員をパートタイム労働者等の非正規社員とするような労働契約内容の変更は、労働者の表面上の同意を得ていたとして

も、これが労働者の真意に基づくものでないと認められる場合には、⑵ニの「退職又は正社員をパートタイム労働者等の非正規社員とするような労働契約内容の変更の強要を行うこと」に該当すること。

ロ　事業主が、育児休業若しくは介護休業の休業終了予定日を超えて休業すること又は子の看護休暇若しくは介護休暇の取得の申出に係る日以外の日に休業することを労働者に強要することは、⑵ホの「自宅待機」に該当すること。

ハ　次に掲げる場合には、⑵チの「減給をし、又は賞与等において不利益な算定を行うこと」に該当すること。

(イ)　育児休業若しくは介護休業の休業期間中、子の看護休暇若しくは介護休暇を取得した日又は所定労働時間の短縮措置等の適用期間中の現に働かなかった時間について賃金を支払わないこと、退職金や賞与の算定に当たり現に勤務した日数を考慮する場合に休業した期間若しくは休暇を取得した日数又は所定労働時間の短縮措置等の適用により現に短縮された時間の総和に相当する日数を日割りで算定対象期間から控除すること等専ら当該育児休業等により労務を提供しなかった期間は働かなかったものとして取り扱うことは、不利益な取扱いには該当しない。一方、休業期間、休暇を取得した日数又は所定労働時間の短縮措置等の適用により現に短縮された時間の総和に相当する日数を超えて働かなかったものとして取り扱うことは、⑵チの「不利益な算定を行うこと」に該当すること。

(ロ)　実際には労務の不提供が生じていないにもかかわらず、育児休業等の申出等をしたことのみをもって、賃金又は賞与若しくは退職金を減額すること。

ニ　次に掲げる場合には、⑵リの「昇進・昇格の人事考課において不利益な評価を行うこと」に該当すること。

(イ)　育児休業又は介護休業をした労働者について、休業期間を超える一定期間昇進・昇格の選考対象としない人事評価制度とすること。

(ロ)　実際には労務の不提供が生じていないにもかかわらず、育児休業等の申出等をしたことのみをもって、当該育児休業等の申出等をしていない者よりも不利に評価すること。

ホ　配置の変更が不利益な取扱いに該当するか否かについては、配置の

変更前後の賃金その他の労働条件、通勤事情、当人の将来に及ぼす影響等諸般の事情について総合的に比較考量の上、判断すべきものであるが、例えば、通常の人事異動のルールからは十分に説明できない職務又は就業の場所の変更を行うことにより、当該労働者に相当程度経済的又は精神的な不利益を生じさせることは、(2)ヌの「不利益な配置の変更を行うこと」に該当すること。また、所定労働時間の短縮措置の適用について、当該措置の対象となる業務に従事する労働者を、当該措置の適用を受けることの申出をした日から適用終了予定日までの間に、労使協定により当該措置を講じないものとしている業務に転換させることは(2)ヌの「不利益な配置の変更を行うこと」に該当する可能性が高いこと。

ヘ　業務に従事させない、専ら雑務に従事させる等の行為は、(2)ルの「就業環境を害すること」に該当すること。

12　法第24条第1項の規定により同項各号に定める制度又は措置に準じて、必要な措置を講ずるに当たっての事項

当該措置の適用を受けるかどうかは、労働者の選択に任せられるべきものであること。

13　法第24条第2項の規定により、介護休業の制度又は法第23条第3項に定める措置に準じて、その介護を必要とする期間、回数等に配慮した必要な措置を講ずるに当たっての事項

(1)　当該措置の適用を受けるかどうかは、労働者の選択に任せられるべきものであること。

(2)　次の事項に留意しつつ、企業の雇用管理等に伴う負担との調和を勘案し、必要な措置が講じられることが望ましいものであることに配慮すること。

イ　当該労働者が介護する家族の発症からその症状が安定期になるまでの期間又は介護に係るサービスを利用することができるまでの期間が、93日から法第11条第2項第2号の介護休業等日数を差し引いた日数の期間を超える場合があること。

ロ　当該労働者がした介護休業又は当該労働者に関して事業主が講じた法第23条第3項に定める措置により法第11条第2項第2号の介護休業等日数が93日に達している対象家族についても、再び当該労働者によ

る介護を必要とする状態となる場合があること。

ハ　対象家族以外の家族についても、他に近親の家族がいない場合等当該労働者が介護をする必要性が高い場合があること。

ニ　要介護状態にない家族を介護する労働者であっても、その家族の介護のため就業が困難となる場合があること。

ホ　当該労働者が家族を介護する必要性の程度が変化することに対応し、制度の弾力的な利用が可能となることが望まれる場合があること。

14　法第26条の規定により、その雇用する労働者の配置の変更で就業の場所の変更を伴うものをしようとする場合において、当該労働者の子の養育又は家族の介護の状況に配慮するに当たっての事項

配慮することの内容としては、例えば、当該労働者の子の養育又は家族の介護の状況を把握すること、労働者本人の意向をしんしゃくすること、配置の変更で就業の場所の変更を伴うものをした場合の子の養育又は家族の介護の代替手段の有無の確認を行うこと等があること。

15　派遣労働者として就業する者に関する事項

派遣労働者として就業する者については、労働契約関係は派遣元と派遣労働者との間にあるため、派遣元は、当該労働者に対し、法の規定に基づく措置を適切に講ずる責任があることに留意すること。

附　則（平成21年厚生労働省告示第509号）

（適用期日）

1　この告示は、平成22年６月30日から適用する。

（常時100人以下の労働者を雇用する事業主等に関する暫定措置）

2　育児休業、介護休業等育児又は家族介護を行う労働者の福祉に関する法律及び雇用保険法の一部を改正する法律（平成21年法律第65号）附則第２条に規定する事業主及び当該事業主に雇用される労働者については、同条に規定する政令で定める日までの間、この告示による改正後の告示第二の二（介護休暇に関する部分に限る。）、第２の３、第２の９、第２の10、第２の11（介護休暇に関する部分、所定外労働の制限に関する部分及び所定労働時間の短縮措置等に関する部分に限る。）、第２の12及び第２の13の規定は適用せず、この告示による改正前の告示第２の９から11までの規定は、なおその効力を有する。